波提切利传

Sandro Botticelli

JULIA MARY CARTWRIGHT ADY

[英]朱利亚·玛利 著
张春颖 译

中央编译出版社
Central Compilation & Translation Press

图书在版编目（CIP）数据

波提切利传 /（英）朱利亚·玛利著；张春颖译. —北京：中央编译出版社，2024.4
ISBN 978-7-5117-4605-4

Ⅰ.①波… Ⅱ.①朱… ②张… Ⅲ.①波提切利（Botticelli, Sandro 1445-1510）—传记 Ⅳ.① K835.465.72

中国国家版本馆 CIP 数据核字（2024）第 040540 号

波提切利传

图书策划	张远航
责任编辑	哈　曼
责任印制	李　颖
出版发行	中央编译出版社
网　　址	www.cctpcm.com
地　　址	北京市海淀区北四环西路 69 号（100080）
电　　话	（010）55627391（总编室）　（010）55625174（编辑室） （010）55627320（发行部）　（010）55627377（新技术部）
经　　销	全国新华书店
印　　刷	北京雅昌艺术印刷有限公司
开　　本	710 毫米 ×1000 毫米　1/16
字　　数	153 千字
印　　张	16
版　　次	2024 年 4 月第 1 版
印　　次	2024 年 4 月第 1 次印刷
定　　价	98.00 元

新浪微博：@中央编译出版社　　微信：中央编译出版社（ID：cctphome）
淘宝店铺：中央编译出版社直销店（http://shop108367160.taobao.com）（010）55627331

本社常年法律顾问：北京市吴栾赵阎律师事务所律师　闫军　梁勤
凡有印装质量问题，本社负责调换，电话：（010）55627320

1445—1480年
The life of Sandro Botticelli

美第奇-里卡迪宫,1445—1460年,佛罗伦萨

《圣母、圣子与一位天使》,约 1465 年,佛罗伦萨,孤儿院博物馆

《三博士来朝》,约1465年,伦敦,国家美术馆

《圣母、圣子、圣约翰与两位天使》,约 1468—1469 年,佛罗伦萨,佛罗伦萨学院美术馆

《在小天使光环笼罩下的圣母与圣子》,1469—1470年,佛罗伦萨,乌菲齐美术馆

《玫瑰园中的圣母》,约1470年,佛罗伦萨,乌菲齐美术馆

《坚毅》,约 1470 年,佛罗伦萨,乌菲齐美术馆

《圣餐中的圣母》，1470年，波士顿，伊莎贝拉·斯图尔特·加德纳博物馆

《斯梅拉达·布朗蒂尼肖像》,约 1470—1472 年,伦敦,维多利亚和阿尔伯特博物馆

《宝座上的圣母与圣子及圣人》,约1470—1472年,佛罗伦萨,乌菲齐美术馆

《年轻人肖像》,约 1470—1473 年,佛罗伦萨,皮蒂宫

《朱迪斯返回伯图里亚》,约 1472 年,佛罗伦萨,乌菲齐美术馆

《朱迪斯返回伯图里亚（局部）》，约 1472 年，佛罗伦萨，乌菲齐美术馆

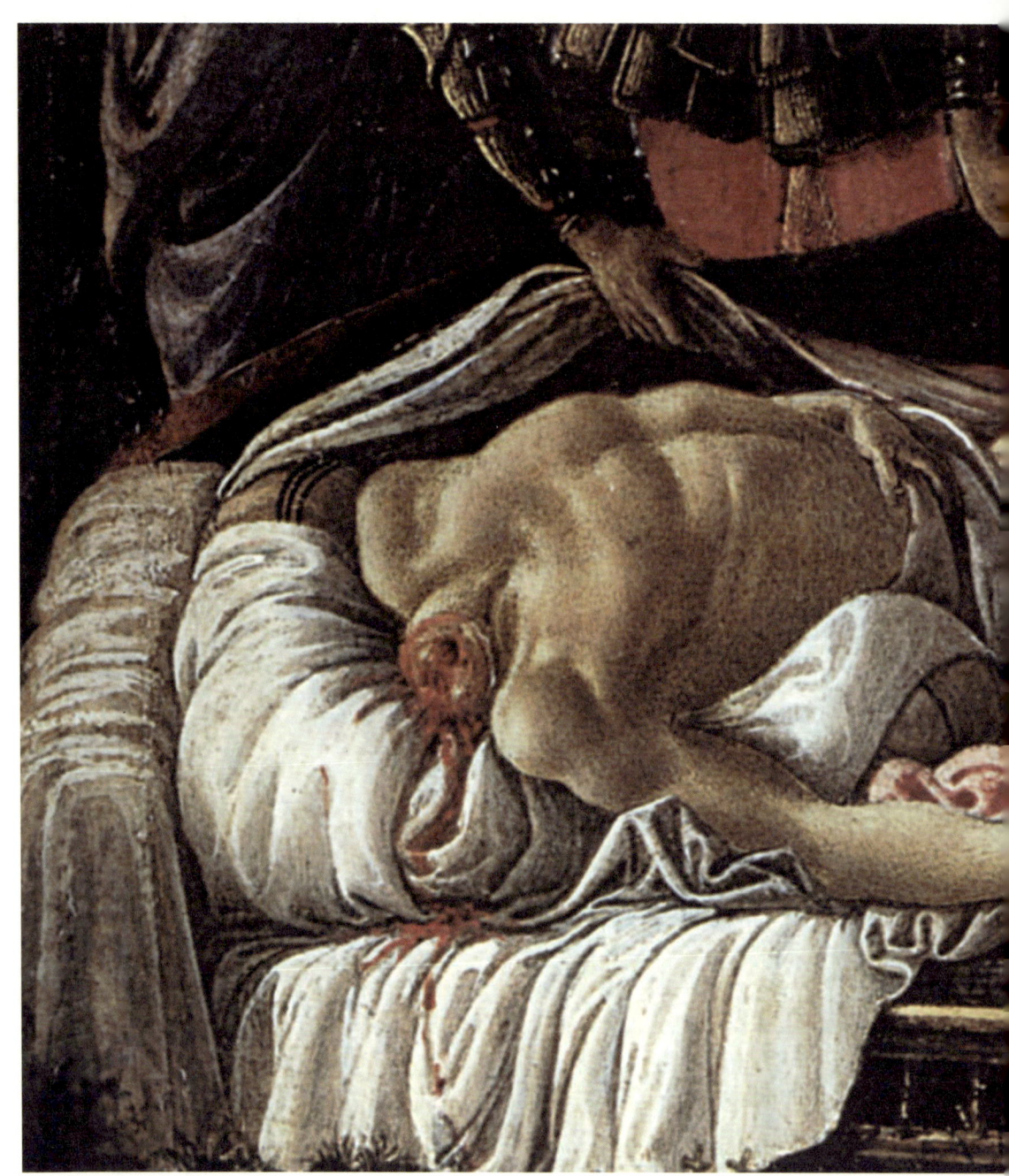

《发现赫罗弗尼斯的尸体(局部)》,约1472年,佛罗伦萨,乌菲齐美术馆

《三博士来朝》，约1472—1474年，伦敦，国家美术馆

《圣塞巴斯蒂安》,1473年,柏林,国家博物馆

《三博士来朝》,约 1475—1476 年,佛罗伦萨,乌菲齐美术馆

《三博士来朝（局部）》，约1475—1476年，佛罗伦萨，乌菲齐美术馆

《三博士来朝（局部）》，约1475—1476年，佛罗伦萨，乌菲齐美术馆

《三博士来朝（局部）》，约 1475—1476 年，佛罗伦萨，乌菲齐美术馆

《三博士来朝(局部)》,约 1475—1476 年,佛罗伦萨,乌菲齐美术馆

《三博士来朝（局部）》，约 1475—1476 年，佛罗伦萨，乌菲齐美术馆

《三博士来朝(局部)》,约1475—1476年,佛罗伦萨,乌菲齐美术馆

《三博士来朝（局部）》，约1475—1476年，佛罗伦萨，乌菲齐美术馆

《朱利亚诺·德·美第奇肖像》,约1478年,华盛顿,国家艺术馆

《书房中的圣奥古斯丁》,约 1480 年,佛罗伦萨,诸圣教堂

《书房中的圣奥古斯丁(局部)》,1480年,佛罗伦萨,诸圣教堂

《书房中的圣奥古斯丁(局部)》,1480年,佛罗伦萨,诸圣教堂

《书房中的圣奥古斯丁(局部)》,1480年,佛罗伦萨,诸圣教堂

《圣母与圣子 | 书籍圣母》,约 1480—1481 年,米兰,波尔迪·佩佐利美术馆

《圣母与圣子 I 书籍圣母(局部)》,约1480—1481年,米兰,波尔迪·佩佐利美术馆

《圣母与圣子 | 书籍圣母(局部)》,约1480—1481年,米兰,波尔迪·佩佐利美术馆

《圣母与圣子 I 书籍圣母(局部)》,约1480—1481年,米兰,波尔迪·佩佐利美术馆

《圣母颂(局部)》,约1480—1481年,佛罗伦萨,乌菲齐美术馆

《年轻女子肖像》,1480—1485 年,波提切利画室,法兰克福,施泰德艺术馆

目录 / *Contents*

时代之子　　　001

杰作的诞生　　020

辉煌的时代　　051

诱惑与净化　　074

最后的时光　　101

时代之子

亚历桑德罗·菲利佩皮（Alessandro Filipepi，约1445—1510），被他同时代的人亲密地称为桑德罗·波提切利（Sandro Botticelli）。亚历桑德罗是欧洲文艺复兴时期意大利佛罗伦萨画派（The Florentine Painters）的重要代表之一。他的作品和人格散发出的奇异魅力深深吸引了19世纪的学者和评论家。他独特的构思、深邃的思想、超凡的创作能力、富有诗意的想象力以及对美感的敏锐理解，以一种特殊的方式感染着现代人的心灵，这使他在现代甚至在他生活的那个年代都深受公众欢迎。尽管早期文艺复兴的光辉成就早已被人们遗忘，但是，近代的伟大思想家又使我们重新见证了那段辉煌历史。这些伟大的思想家以及那些用科学观点来批判性地对文艺复兴问题进行研究的专家，无一不对这位旷世奇才的艺术天赋钦佩万分。英国19世纪独树一帜的散文作家和艺术评论家约翰·罗斯金（John Ruskin），以及杰出的散文作家和唯美主义思潮的理论家瓦尔特·佩特（Walter Pater），在他们流芳百世的散文里都曾记载了波提切利的名字。莫雷利（Morelli）和伟大的艺术史学家贝伦森（Berenson）认为波提切利对艺术有独到的见解，他的艺术作品中充满了丰富的想象力，他妙手丹青、独具匠心，是世界上一流的画家，是一位名副其实的艺术天才，也是欧洲有史以来最伟大的线型语言设计师。莫雷利是19世纪末期意大利艺术批评家，他最初是一位物理学家，后来从事艺术批评。莫雷利在研究艺术作品时，非常注重画家对人物细节的处理，比如对手或耳朵等部位的处理，他还能够通过画家的签名等信息来鉴别艺术作品的真伪。

总而言之，我们认为波提切利是典型的佛罗伦萨画派艺术家。在波提切利生活的那个时代，没有一位艺术大师能够像他那样完美地为我们描绘出15世纪人们的思想和生活状况。15世纪末期，很多画家曾经名噪一时，但很快便销声匿迹了，然而波提切利却流芳万古。列奥纳多·达·芬奇（Leonardo da Vinci）虽然出生在佛罗伦萨芬奇镇，但是他一生中最重要的时期是在意大利的米兰（Milan）度过的，晚年则在法国度过。至于米开朗琪罗（Michelangelo），与其说他是佛罗伦萨人，倒不如说他是罗马人更为确切。在罗马的西斯廷教堂（Cappella Sistina）里，人们可以欣赏到米开朗琪罗所创作的最著名的绘画作品。然而，波提切利一生中几乎所有时间都是在佛罗伦萨（Florence）度过的。当时的佛罗伦萨正处于最辉煌的时期。在这个黄金时代，佛罗伦萨各个领域人才辈出，他们各展其能。桑德罗在艺术界紧跟时代的步伐，引领着画坛潮流。但是，由于当时科技不发达，人们的思想仍然受到中世纪封建神学的束缚，教皇的权力远远大于君主的权力。有一个典型的例子可以说明当时的这一状况：意大利著名的文学家乔瓦尼·卢切莱（Giovanni Rucellai）在其作品中几乎用尽世间所有的赞誉与溢美之词，虔诚地感谢上帝，因为他深信是上帝赐予了他宝贵的生命。

波提切利出生在佛罗伦萨的科西莫（Cosimo）家族统治时期。科西莫家族通常被称为美第奇家族，是意大利佛罗伦萨最著名的家族。这个家族中最主要的代表人物是科西莫·德·美第奇（Cosimo dei Medici）和洛伦佐·德·美第奇（Lorenzo dei Medici）。该家族的祖先原为意大利托斯卡纳（Toscana）的农民，后以经营工商业致富，13世纪成为贵族，进入佛罗伦萨政坛。1434年，科西莫首次在佛罗伦萨建立起僭主政治，成为佛罗伦萨的无冕之王。科西莫是美第奇政治王朝的创建者。他深受佛罗伦萨人民的爱戴，去世时备极哀荣，全城人民为他送葬。科西莫去世后被城邦政府誉为"国父"。1469年，科西莫的孙子洛伦佐·德·美第奇成为美第奇家族的继承人。波提切利是洛伦佐最喜欢的画师。洛伦佐在美第奇家族中享有"豪华者"的称号，他曾经请波提切利在佛罗伦萨的城墙上以绘画的形式把先祖取得的巨大成就以及消灭仇敌的过程记录下来，以此为家族树碑立传，达到彰显家族荣耀的目的。波提切利还是"豪华者"洛伦佐所尊重的人文主义者的亲密朋友。当这些博学多才的人文主义者在一起研究诗文之时，波提切利经常在一旁认真地倾听，他还把人文主义者所迷恋的古希腊神话故事绘制成精美的画作。在这些人文主义者所创作的美妙诗篇的启迪下，波提切利塑造了一个又一个冰肌玉骨、袅袅婷婷的绝世佳人形象，还有居于山林水泽之间的美丽仙女以及可爱的小天使形象，创作出一幅又一幅精美绝伦的艺术作品，例如《维纳斯》（*Venus*）和《帕拉斯》（*Pallas*）。在意大利著名诗人安哲罗·波利齐亚诺（Angelo Poliziano）和意大利著名哲学家、美学家和佛罗伦萨柏拉图学院派最著名的代表马尔西利奥·费奇诺（Marsilio Ficino）的指点和帮助下，波提切利创作了绝世名作《春》（*Primavera*），并在莱米别墅（the Villa Lemmi）绘制了美轮美奂的装饰壁画（亦称湿壁画）（frescoe）。他创作的艺术作品不仅表现了人文主义者对古典文学的热爱，对美丽的大自然的钟爱，还表现了他们对诗人但丁·阿利基耶里（Dante Alighieri）的崇拜之情。15世纪意大利新柏拉图派著名的哲学家、思想家皮科·德拉·米朗多拉（Pico della Mirandola）和费奇诺认为，柏拉图哲学与基督教教义有着许多相通之处，他们还尝试把两者巧妙地融合到一起。在他们的影响下，波提切利创作了很多精妙传神的圣母像。在这些圣母像中，他以高超的画技完美地展现了人类最温柔的母爱与最纯洁的宗教感情。基督教的理想主义思想促使波提切利开始聆听佛罗伦萨圣马可多明我会修道院（The Dominican Church of San Marco）院长弗拉·吉洛拉莫·萨伏那洛拉（Fra Girolamo Savonarola）的传道布教。（多明我会又称道明会，亦称"传道兄弟会"。会士披黑色斗篷，因此被称为"黑衣修士"，是天主教托钵修会的主要派别之一。）这位多明我会传道士充满激情的布道强烈地吸引了洛伦佐门下的人文主义者。对萨伏那洛拉的崇敬使波提切利在有生之年把全部精力奉献给了基督教及多明我会的事业。

桑德罗在兄弟中排行老四，也是家里最小的孩子。他出生于中产阶级家庭，父亲是一名皮革商，名叫马利安奴·迪·范尼·德·菲利佩皮（Mariano di Vanni dei Filipepi）。当时在位于市郊的穆格诺恩（Mugnone）河畔有很多大型制革厂，蒙兹（M.Müntz）把穆格诺恩河比作现代巴黎的海狸河（Bièvre）。马利安奴就是其中一家制革厂的老板。他和家人住在新街（Via Nuova）。新街就是现在的波尔切拉纳街（Via Porcellana）。这条街位于圣露西亚（Santa Lucia）教堂附近的博尔戈·奥尼桑蒂区（Borgo Ognissanti）。马利安奴家道殷实，在当地拥有好几处房地产。在马利安奴的教诲下，他的几个儿子从小就开始学习手艺。大儿子乔瓦尼（Giovanni）出生于1420年，他和父亲一样也是个皮革商。可能由于他的店铺的招牌是个木桶，也可能由于他的体形过于肥胖，人们给他起了个绰号，叫"大木桶"。马利安奴的二儿子安东尼奥（Antonio）是个金匠，同时还经营着一家书店。后来，安东尼奥移居意大利的博洛尼亚市（Bologna）。三儿子西蒙奈（Simone）出生于1443年，14岁那年去了意大利南部的第一大城市那不勒斯（Naples），在大银行家保罗·鲁切拉伊（Paolo Rucellai）手下供职，这个银行家在佛罗伦萨拥有万贯家私。桑德罗是马利安奴的小儿子，好像只比西蒙奈小一岁。赫伯特·霍恩（Herbert Horne）在1458年2月的一份个人所得税纳税申报表里发现了有关波提切利的信息。根据报表的记录，波提切利当时只有13岁，由于身体不好还在上学。

乔尔乔·瓦萨里（Giorgio Vasari）是意大利著名的画家、建筑师及美术史论家，因其记叙同时代艺术家的一部传记《艺术家列传》而留名后世。在瓦萨里的《艺术家列传》里，其中有一章的题目是"波提切利的一生"。在这一章里，瓦萨里对波提切利的生平做了详细的记录。他是这样描述桑德罗少年时期的情况的：桑德罗对文科、理科都不感兴趣，而且很厌学。他的父亲觉得这孩子不是读书的材料，就把他送到一个名叫波提切利的金匠那里做学徒。桑德罗的绰号"波提切利"就来源于此。但是在佛罗伦萨好像没有叫这个名字的金匠。显然，这位艺术家流芳百世的名字"波提切利"（意为"小桶"）实际上应该与他做生意的大哥乔瓦尼有直接关系。波提切利一生中只用过两次真名：一次是在一部作品上曾署名亚历桑德罗，还有就是在另一部作品上署名桑德罗·迪·马利安奴（Sandro di Mariano）。他在合同或个人所得税纳税申报表上签名时，习惯使用的名字是迪·波提切利。诚然，当时的人们也是这样称呼他的。列奥纳多·达·芬奇在他的主要论著《绘画论》（*Trattato*）里称呼桑德罗为"我们的波提切利"。米开朗琪罗比桑德罗小30岁。他在给桑德罗写信时，称呼他为桑德罗·波提切利。16世纪初期，安东尼奥·比利（Antonio Billi）在他的著作中称这位绘画大师为桑德罗·迪·波提切利。一位名不见经传的作家葛迪安诺（Gaddiano）把桑德罗的生平编写成了一本书。在这本书里，他这样写道："桑德罗·迪·马利安奴·迪·范尼·菲利佩皮（Sandro di Mariano di Vanni Filipepi），人们通常叫他桑德罗·迪·波提切利。"

波提切利从小就对绘画有着强烈的兴趣，但他父亲不想让他学习绘画，坚持让他掌握一门手艺。波提切利迫不得已又到二哥安东尼奥的店铺里学习做金银匠的那套技术。很有可能波提切利在二哥的店铺学习期间，有人给他起了"波提切利"这个绰号。又过了一两年，在波提切利的一再请求下，他的父亲实在没有办法，只好做出妥协，同意让他专心学习绘画。

瓦萨里在"波提切利的一生"中这样写道："这个男孩酷爱绘画。他向父亲敞开心扉，表明自己想要学习绘画的志向，希望得到父亲的许可。波提切利的父亲看到他决心已定，实在拗不过他，才同意让他拜弗拉·菲利普·利彼（Fra Filippo Lippi）为师，跟随其学习绘画。弗拉·菲利普·利彼是意大利佛罗伦萨画家中的杰出人物之一。利彼从小就在卡尔米内（Carmine）修道院当修士，并显示出非凡的艺术天赋。后来，他成为最受美第奇家族宠爱的画师。能拜大名鼎鼎的利彼为师，桑德罗终于如愿以偿。在名师的教导和指点下，桑德罗全身心地投入绘画艺术的学习之中。由于他学习刻苦、善于钻研，并极力模仿老师的绘画风格，利彼非常喜欢他，并把自己的绘画技巧毫无保留地传授给他。桑德罗进步之快超出人们的想象。功夫不负有心人，不久他便在绘画方面取得了很高的造诣。"

波提切利很可能是在1465年师从利彼的。当时他只有二十来岁。四年后，遵从卡罗（Carlo）之命，波提切利跟随他的老师利彼，同时也是天主教加尔默罗会（Carmelite）的修士，来到意大利普拉托市（Prato），重新开始他荒废已久的绘画工作。卡罗是科西莫·德·美第奇的私生子，担任牧师会大教堂（Collegiate Church）的新任主持（Provost）。牧师会大教堂历史悠久，是一座古老的教堂。在这座教堂的唱经楼上，波提切利的修士教师绘制了一套令人叹为观止的壁画，这些壁画描绘的是圣斯蒂芬（St.Stephen）和施洗者（the Baptist）圣约翰（St.John）两人日常生活的几个场景。这里才是这个充满了梦想、思维敏捷的小伙子得到艺术实践训练的真正学校。

这些壁画中的人物栩栩如生，但令人遗憾的是，有几幅已被损坏。

壁画中有很多地方让人马上就能看出是波提切利的手迹，因为波提切利富有创新精神，喜欢标新立异，因此他的笔法总有与众不同的地方。几年之后，波提切利的这些画受到人们的认同，并备受赞赏。虽然已时隔几百年，但是这些绘画上亮丽的色彩、鲜活的人物至今仍散发着无穷的魅力，吸引着我们的眼球。某些壁画可以充分地显示波提切利的艺术才能：德高望重的福音传教士从拱形屋顶上向下观望，神态威严；莎乐美（Salome）体态婀娜多姿、步伐轻盈，衣摆随之轻轻摇曳；耶稣的信徒们面带哀伤地站在第一位殉教者的棺椁旁，眼中充满了无限的崇敬，他们多么希望他能够死而复生啊！确切地讲，在这一系列壁画中，最后两组画《希罗底的盛宴》（Feast of Herodas）和《被石头砸死的圣斯蒂芬及其葬礼》（Stoning and Burial of St.Stephen）充分体现了这位年轻艺术大师的绘画风格。这些壁画大约创作于1465年。当时这位初出茅庐的画家工作起来简直达到疯狂的地步，为了把以前荒废的大好时光弥补回来，波提切利夜以继日地工作。他的赞助人对他一向不薄，但因为误工，这些出资者已经感到十分恼火。波提切利这么努力地工作，也是为了能够重新得到他们的信任和厚待。

次年年初，拖延已久的工作终于完成了。随后不久，波提切利返回了佛罗伦萨。1467年3月，他又开始了一次新的旅程。这可是他第一次独闯江湖，他的老师并没有陪他一起出行。他独自一人来到意大利中部城市斯波列托（Spoleto），为米兰的圣母百花大教堂（Duomo）

的圆顶进行绘画装饰工作。在波提切利为这个大教堂穹顶所创作的一幅精美的画作里，可爱的小天使们载歌载舞，在圣婴的脚下挥洒着艳丽的玫瑰花。他的老师利彼后来创作的一幅名叫《伊甸园》（Paradise）的壁画里也有许多类似的小天使，他们的形态酷似波提切利慧心巧思创作出来的那些可爱的小天使。其实，这可以充分表明波提切利对老师最新阶段的艺术风格了如指掌。但是也存在另一种可能性，在利彼创作壁画《伊甸园》时，波提切利很可能帮助老师绘制了该壁画的草图。更有可能的是，1481 年，波提切利在去罗马的途中，曾经在斯波列托停留并在那里帮助老师作画。桑德罗是一个有情有义的人，对老师的恩情永记心头。当恩师利彼去世后，他的儿子小菲利普回到了佛罗伦萨。在波提切利的盛情邀请下，他来到波提切利的绘画工作室，跟随父亲最得意、最优秀的弟子开始学习绘画。在佛罗伦萨附近，有一个名叫塞蒂尼亚诺（Settignano）的小村庄。在这个小村庄的一条马路旁边，有一个无人问津的小礼拜堂，人们称它为万内利圣母礼拜堂（Madonna della Vannella）。因为一个偶然的机会，贝伦森和赫伯特·霍恩先生在这个礼拜堂里发现了波提切利早期的一幅作品《万内利圣母》（*Madonna della Vannella*）。这幅壁画由于年头太久已有些损坏。意大利托斯卡纳地区的农民最初修建这个小礼拜堂只有一个目的，就是祈求仁慈的圣母能够保护山上的葡萄园和果园免遭冰雹和暴风雨的袭击。看到《万内利圣母》这幅画中面色红润、胖乎乎的圣婴，我们立即就会想起波提切利的老师利彼所画的天真稚气的圣婴。但是,圣母微微俯首的姿势和脸上所流露出来的淡淡的忧伤却是波提切利所独有的绘画风格。这幅画与《圣母、圣子与施洗者圣约翰》(Madonna and Child with the Little St.John) 极其相似,就连背景里的桧木和玫瑰花丛都基本一样。《圣母、圣子与施洗者圣约翰》现藏于法国巴黎的卢浮宫 (Palais de Louvre)。在卢浮宫的名画目录中,这幅画的作者署的是 "波提切利"。人们也一直认为这幅画是波提切利的作品。但显而易见,它是一幅赝品。我认为它应该是波提切利的某个拥趸所画。当波提切利的艺术生涯达到巅峰之时,这位拥趸通过临摹波提切利的老师利彼的一幅旧画绘制了这幅画。波提切利的另外一幅早期作品是一幅画幅狭长的油画《三博士来朝》(the Aoration of the Magi),现在收藏于意大利国家美术馆 (the National Gallery)。就连最有权威的评论家都一直认为这幅《三博士来朝》是波提切利的真迹。波提切利给塞蒂尼亚诺村绘制完成了那幅《万内利圣母》之后,接下来很可能着手于这幅《三博士来朝》的创作工作。不管怎样,这两幅画的创作时间相隔应该不会太久,最长不超过两三年的时间。波提切利早期的画作博采各家之长,构图新颖,神韵俱佳。就这幅《三博士来朝》而言,显而易见,画里圣母子的形象体现了波提切利的恩师利彼的画风。除此之外,波提切利还效仿另一位新老师的绘画风格绘制了攒动的人群、高大的骏马和威武的骑士。这位新老师就是安东尼奥·波拉尤奥洛(Antonio

Pollaiuolo）。安东尼奥是佛罗伦萨画派著名的写实主义画家和铸铜雕塑家。他原来学的是金匠工艺和金银刺绣工艺，后来改学绘画和雕塑。这位金匠画家在创作方面的神奇感染力深深影响了下一代的艺术大师们，比如波提切利、达·芬奇、拉斐尔和米开朗琪罗。利彼去世之后，桑德罗与安东尼奥以及安东尼奥的哥哥皮耶罗（Piero）保持着密切的联系，可能还给他们做了几年的助手，向他们学习绘画技巧。这段工作经历使桑德罗在大概1470年时画出了《坚毅》（*Fortezza*）这一高贵人物。安东尼奥·波拉尤奥洛兄弟为摩卡坦兹亚法庭（Mercatanzia）创作过精美的"美德"系列画。《坚毅》可以说是它们的姊妹画。为桑德罗写传记的最年长的作者安东尼奥·比利（Antonio Billi）曾经这样写道："年轻的桑德罗为摩卡坦兹亚法庭绘制的这幅《坚毅》是最美的一幅画。"意大利著名画家乔尔乔·瓦萨里和那位名不见经传的作家葛迪安诺也对这幅画做出了相同的高度评价。阿尔贝蒂尼（Albertini）在1510年所写的《回忆录》（*Memoriale*）里这样记录："皮耶罗·波拉尤奥洛为摩卡坦兹亚法庭绘制了六个善德女神，第七个善德女神则是桑德罗创作的画作。"

《坚毅》是桑德罗模仿波拉尤奥洛绘制的"美德"系列画的笔法创作而成的。由于模仿得过于逼真，就连著名的艺术批评家莫雷利都认为这幅画不是出于桑德罗之手。但是我们认为，《坚毅》这幅画肯定是桑德罗的画作。《坚毅》画的是一位年轻的少女，上身穿着戎装坐在壁龛里。她手拿权杖,坐在由彩色大理石雕刻的宝座上。这幅画色彩暗淡,富有雕塑的艺术特色,极具波拉尤奥洛所创作的"美德"系列画的艺术风格,画里的绣花窗帘和彩色大理石宝座也与波拉尤奥洛画中的同类物体不差秋毫。但从人物的姿态和表情来看,这幅画一定出自桑德罗的手笔。坚毅女神的头微微扭向左侧,目视下方,双手紧握,面色沉着,略带疲惫,但表情坚毅。一个矜持、勇敢、富有坚韧不拔精神的女神活灵活现地展现在我们眼前。这不禁使我们想起罗斯金很久以前对此画的传神描述:"这位女神看上去有点儿疲惫。由于体力不支,她没有准备好站起来迎接从前线归来的战士,而是坐在那里陷入了沉思。她的手指躁动不安地玩摸着手里的剑柄。我想她的精神一定很紧张,因为战斗一直没有开始,昨天和今晨没有一丝硝烟的气息。无数个日夜已经在等待中过去,战斗终于在今天打响了。难道现在战斗已经结束了吗?如果真的已经结束,那么这场恶战的结局如何,是大获全胜还是一败涂地?这正是桑德罗所画的坚毅女神正在沉思的问题。如果战事已经结束,她会欣然甩掉手中的剑柄,然而现在她却双手紧握剑柄,说明战斗仍在进行。当远方的号角吹响之时,即使在沉思之中,她也能够清晰地听见这一号令。"

在这个时期,这位年轻的佛罗伦萨画派艺术大师还创作了很多细腻而且充满想象力的画作。其中最著名的要数《朱迪斯返回伯图里亚》和《发现赫罗弗尼斯的尸体》这组画了。18世纪的著名作家鲍赫尼（Borghini）曾提到过这组画。他认为梅塞尔·里多尔福·西里加蒂（Messer Ridolfo Sirigatti）把这组画送给了大公夫人比安卡·卡佩罗（Bianca Capello），因为比安卡很喜欢收集名画。这组画现藏于佛罗伦萨乌菲齐美术馆（Uffizi Gallery）。在这组画里，波提切利笔下的女主人公充满了青春和活力。从整体效果来看，这组画堪称精品，但若细细品味画中的每一个细节，我们仍会发现不足之处。比如用于刻画人物的线条比较粗糙、生硬，这是波提切利与波拉尤奥洛兄弟亲密交往时期的绘画风格。在其中的一幅画里，女英雄朱迪斯右手握剑，左手拿着一枚橄榄枝，轻快地走过空旷的山坡。忠诚的女仆紧随其后，她的右手腕上挂着用来装酒或油的小壶，头顶着敌军首领赫罗弗尼斯的头颅，左手紧紧抓住裹着头颅的白布。朱迪斯修长的脖子、独特的脸形、高高的颧骨、忧郁的眼神与坚毅女神异曲同工。她的表情带有淡淡的悲愁。女仆虔诚地看着女主人，眼中流露出坚毅的神情，好像在用眼神告诉主人，为了主人她可以赴汤蹈火。现在敌军已经群龙无首，朱迪斯感到十分轻松。因为胜利在望，她返回了驻地。在另一幅画中，我们可以看到赫罗弗尼斯的帐篷，帐篷里的帷幔已经被拉起。晨起之后，士兵和奴仆们来到中军大帐，发现大将军已被人谋杀。他们不知所措，悲伤而恐惧地看着赫罗弗尼斯的无头尸体。整个画面生动逼真，人物惟妙惟肖。波提切利在画中刻画裸体人物的笔法，充分体现了波拉尤奥洛对他的深刻影响。

根据瓦萨里所著《艺术家列传》的记载，在1473年1月到1474年之间，桑德罗奉洛伦佐·德·美第奇之命，曾经为罗马圣母玛利亚大教堂（the Church of Santa Maria Maggiore）绘制过一幅装饰壁画。桑德罗画的是圣洁的《圣塞巴斯蒂安》(*St.Sebastian*)。在这个时期，桑德罗在绘画方面追求人物的逼真、典雅和高贵。这种绘画风格也充分体现在《圣塞巴斯蒂安》里。如果这个日期记录正确的话，《圣塞巴斯蒂安》的创作时间应该早于波提切利的另一幅名画《圣人殉教图》(*the Saint's Martyrdom*)。早在1475年，在佛罗伦萨圣母领报大教堂（the Church of the Annunziata）里的普奇小教堂（the Pucci chapel），安东尼奥·波拉尤奥洛就曾绘制过一幅《圣人殉教图》，这幅画肯定早于桑德罗的那幅同名画作。波拉尤奥洛的这幅画现藏于意大利国家美术馆。自然主义作家非常欣赏桑德罗创作的这幅《圣塞巴斯蒂安》。他们认为，无论是从解剖学还是从人体造型艺术方面来评判此画，这幅画都无懈可击。为了充分展示他们在解剖学和造型艺术方面的渊博知识，他们很愿意就这幅画展开一次深入的讨论。但是，桑德罗并不以此为荣。他认为，这幅画仍有待完善之处。如果说桑德罗所创作的《圣塞巴斯蒂安》在人体结构设计方面没有安东尼奥那么精湛纯熟，但是在《圣人殉教图》这幅画中，殉难者平静、俊秀的面容展现出这位年轻的艺术家高超的绘画技巧和超人的想象力。我们在桑德罗的艺术作品中处处可以看到他异乎寻常的充满浪漫主义的想象力。波提切利的画作在背景的描绘这方面可谓独树一帜。在风光旖旎的背景里，有遥远的海滩，海滩上有陡峭的岩石和高塔相伴。这种绘画风格成为同时代以及后来的画家们争相仿效的典范。

二十年前，在罗马基吉王子（Prince Chigi）曾经居住过的宫殿里，莫雷利在一个黑暗的角落发现了一幅一直无人问津的圣母像——《圣餐中的圣母》。从那时起，这幅画的买卖便成了长久以来臭名昭著的诉讼案件。位于美国波士顿（Boston）的伊莎贝拉·斯图尔特·加德纳博物馆现在收藏着此画。这幅画上的圣母浑身散发着一股青春的魅力和天真无邪的气息，并带有某种娇美以及优雅的气质，给人一种神秘的美感。波提切利高超的绘画技巧使这幅画至今仍闪耀着迷人的光辉。幸亏这幅画被人们遗忘在宫殿的黑暗角落，才丝毫没有被损毁，这也使得这幅画的价值陡然大增。在这幅画里，还有一个长着一头金黄色鬈发的少年天使。他身穿一件绿色长袍，头戴一个由月桂树叶编成的美丽花环，正把手里的葡萄和麦穗递给坐在圣母膝盖上的圣婴。圣母低着头，正在沉思冥想。她的手轻轻地弹拨着麦穗，好像在仔细揣摩圣餐典礼（Eucharist）上所要吃的这些东西。圣婴的小手向外张开，正在为人们赐福。在这幅画里，桑德罗融入了利彼和波拉尤奥洛两位艺术大师的绘画风格。以下三点体现了利彼的绘画风格：一是画的整体布局，二是画的背景。在圣母与天使之间，可以看到一扇敞开的窗户。向窗外眺望，可以看见树木茂密的山丘以及蜿蜒曲折的小河，景色迷人，令人陶醉。窗帘的颜色搭配得十分协调，柔和的粉红中带有淡淡的蓝色。三是画中圣母所戴的丝巾。透明的丝巾覆盖着圣母涟漪般的秀发，给人一种晶莹剔透的美感。在人物形体方面，波提切利极力效仿波拉尤奥洛，尽力追求结构上的完美，这是他这个时期创作的画作最显著的特征。少年天使的脸庞非常俊秀，被波提切利塑造得完美无瑕。

波提切利早年肯定和另外一位佛罗伦萨画派画家交往甚密。这个人应该是列奥纳多·达·芬奇。达·芬奇师从于安德利亚·德尔·韦罗基奥（Andrea del Verrocchio）。1472年，达·芬奇被吸收为画家行业协会（the Guild of Painters）会员。他虽然比波提切利小八岁，却显露出超常的绘画天赋。波提切利一定对达·芬奇的某些绘画技巧产生了极大的兴趣，因为他们两人的画作虽然各具特色，却存在着许多相似之处。为了使作品达到唯美的境地并充分展现人物的心灵活动，他们一直在不断地进行研究和探索，并大胆地尝试新的绘画技巧。虽然他们彼此影响的确切性和程度大小还有待进一步核实，但是，几乎可以肯定的是他们两人一直在切磋技艺、互相学习、取长补短。在《圣餐中的圣母》中，我们从天使的表情里可以看出桑德罗笔下的人物感情世界被描绘得细腻、丰富。这种绘画风格，很可能是桑德罗在与达·芬奇的交往中受到后者潜移默化的影响而形成的。

就在这个时期，波提切利非凡的创作天赋引起了人们的注意。波提切利当年居住的佛罗伦萨，在有才能、有胆识的洛伦佐·德·美第奇的统治下，文艺之繁荣已达到顶峰，整个社会极富文化气息，学术自由、思想活跃，真可谓百花齐放、百家争鸣。人们畅所欲言，可以自由争论、探讨科学、研究哲学以及创造艺术。人们敞开心扉，吸纳各种新生事物，接受各种情感的刺激，想方设法去满足自己的好奇心和求知欲。各种庆典与宴会充斥市井，美酒飘香，笑声朗朗，精美的图画到处可见，动听的乐曲不绝于耳，歌舞与狂欢夜以继日。这种美好的现实生活，为艺术家提供了取之不尽、用之不竭的创作素材。艺术家们十分崇尚古希腊文化，并用古希腊人的审美理念去观察自然和人生。他们在创作方面，不但忠实于现实，而且在不断地追求着自己的理想。

弗拉·迪亚曼泰（Fra Diamante）一直为天主教加尔默罗会的修士，也就是他的老师弗拉·菲利普·利彼做助理，他曾经跟随老师去斯波列托绘制装饰画。1472年，他在帮助老师完成画作之后，返回了佛罗伦萨。令他意想不到的是，他的同窗好友波提切利此时已是当地一位赫赫有名的艺术家了。很快，波提切利便名声在外。画完《圣塞巴斯蒂安》没过几个月，就有人邀请波提切利到比萨圣墓园（the Campo Santo of Pisa）帮忙完成园中的绘画装饰工作。在此之前，另外一位佛罗伦萨画派的艺术大师贝诺佐·戈佐利（Benozzo Gozzoli）已在比萨圣墓园做了六年的绘画装饰工作。1474年5月，波提切利第一次来到比萨。他为圣母百花大教堂画了一幅装饰画，大教堂的负责人送给他1弗罗林（florin）金币（译者注：弗罗林是金币名，1252年首先在佛罗伦萨铸造，后来被欧洲若干国家仿造）作为旅费。在此次行程中，波提切利答应为圣母百花大教堂中的因科罗纳塔小教堂（the Chapel of the Incoronata）绘制一幅《圣母升天》（*The Assumption of the Virgin*）。如果这幅画得到认可，他就会受雇把这幅《圣母升天》画在比萨圣墓园的围墙上。同年7月，桑德罗再次来到比萨，开始这幅画的创作工作。在随后的三个月里，桑德罗·波提切利从佛罗伦萨订购颜料的支付记录源源不断地送到大教堂的档案室。但是，自从1474年9月之后，桑德罗的名字不再出现在物品登记表里。我们只能臆断：画作还未完成便被搁置一边。瓦萨里在"波提切利的一生"里做了这样的记载：因为画家本人以及大教堂的负责人都对此画感到不满意，主雇双方决定中断这次合作。想必波提切利是急于回到佛罗伦萨去做自己已经计划好的更重要的工作才无心画好此画，因为他觉得佛罗伦萨才是他大展宏图的地方。

杰作的诞生

桑德罗·波提切利回到佛罗伦萨后，马上创办了自己的绘画工作室，开始了独立的奋斗历程。此举使佛罗伦萨迎来了一个崭新的辉煌时代。1469年，被人们称为"痛风者"（il Gottoso）的皮耶罗·迪·科西莫·德·美第奇（Piero di Cosimo dei Medici）与世长辞，他20岁的儿子洛伦佐成为美第奇家族的继承人。洛伦佐与自己高大帅气的弟弟朱利亚诺·美第奇（Giuliano Medici）从小就受到最好的教育。在洛伦佐执政期间，他崇尚学术，并对文学家和艺术家慷慨相助，倍加爱护。经常在洛伦佐的官邸威盛拉尔加宫（the Palace of the Via Larga）举办学术会议的，便是深受洛伦佐宠爱的神学家和哲学家马尔西利奥·费奇诺以及那些信奉柏拉图主义的学者们。美第奇在卡瑞奇（Careggi）有一座漂亮的乡间别墅，每逢古希腊伟大的哲学家柏拉图的诞辰之日，这些崇拜柏拉图的文人学士就在这座别墅的大花园里欢聚一堂，或吟诗作赋，或讨论学术问题。年轻的学者和诗人被这位慷慨的赞助人吸引到佛罗伦萨。洛伦佐对古典文化的热爱并不亚于这些文人墨客。他所写的拉丁诗与这些诗人的名篇佳句不分轩轾。建筑学家、雕塑家、画家以及金银匠们一致认为洛伦佐是一位举世无双的开明君主。他继承了先人的优良传统，不惜花费重金修建公共建筑和赞助艺术作品的创作。

弗拉·菲利普·利彼曾是最受美第奇家族宠爱的绘画大师。桑德罗曾经是他的得意门生。洛伦佐的爷爷科西莫以及他那位文化修养极高的父亲——"痛风者"皮耶罗经常聘请波拉尤奥洛兄弟为其绘制各种画作。桑德罗也曾经在这对兄弟的画室里做过助理。基于以上这些因素，桑德罗早已引起洛伦佐的关注。据我所知，1474年，桑德罗奉命为这位令人敬畏的君王画了一幅《圣塞巴斯蒂安》。是年年底，桑德罗刚刚从比萨回来，洛伦佐就邀请他为1475年1月在佛罗伦萨圣十字广场（the Piazza di Santa Croce）举办的竞技赛创作一幅会旗。

在这次盛大的赛事上，备受佛罗伦萨人喜爱的朱利亚诺·美第奇在各项马术比赛中以其高超的技艺独占鳌头。最后，他气度非凡地站在领奖台上。他披着一件镶满红宝石和珍珠的披风，穿着一套耀眼夺目的银色盔甲，骑上一匹高头战马，马背上的马饰带有漂亮的刺绣，镶有珠宝，异常华丽。西蒙内塔·韦斯普奇（Simonetta Vespucci）是他最钟爱的情人。这一天，她也来到了赛场。在她面前，朱利亚诺战胜了所有的对手。在人们的喝彩声中,他骄傲地接过奖品。

朱利亚诺荣获的奖品和会旗上所画的图案一模一样。过去每次举办马上枪术比赛时,人们都会把冠军所得奖品的图案画在会旗上。锡格纳·乔瓦尼·波吉(Signor Giovanni Poggi)最近在马格里亚白琦亚纳图书馆(the Magliabecchiana)发现了有关这次锦标赛的实况记录。记录上对这个图案做了以下详细的描述:在蓝色的画布上,掌管智慧与正义战争的女神帕拉斯·雅典娜身着一件白色长袍,站在一堆熊熊燃烧的橄榄枝上,头上是一轮冉冉升起的骄阳。她右手持一根长矛,左手拿着盾牌,盾牌上刻有希腊神话中蛇发女妖美杜莎(Medusa)的头像。爱神(the God of Love)丘比特躺在雅典娜身后,被一根金黄色的绳子捆在一棵橄榄树上。在这幅画上没有画家的签名,但是,根据瓦萨里的记录,波提切利在美第奇-里卡迪宫(the Medici Palace)曾经为帕拉斯绘制过一幅与真人一样大小的肖像画。画中的帕拉斯也站在熊熊燃烧的橄榄枝上。洛伦佐去世时,在美第奇-里卡迪宫中有一份关于宫中财宝明细的记录表,上面有一项记录明确提到《帕拉斯》(*Pallas*)这幅画,并做了以下描述:"在皮耶罗的房间里,有一幅桑德罗·波提切利的画作。在一人多高、镶有金边的一块画布上,帕拉斯一手拿着燃烧的盾牌,一手拿着一把利剑。"

不幸的是,在美第奇-里卡迪宫中,桑德罗的大部分画作已被损坏,这面马术锦标赛的会旗也未能幸免。其中有一幅画画的是罗马酒神巴库斯（Bacchus），只见他双手举起一个酒瓶，正把瓶口放在嘴边欲饮。在桑德罗的笔下，一个惟妙惟肖的酒神形象展现在我们的眼前。

除了这两幅肖像画，在桑德罗最早创作的作品中，还有两幅很有名的肖像画。这两幅肖像画肯定是桑德罗为美第奇家族中的两位成员绘制的。其中一幅画应该是洛伦佐的母亲卢克雷齐亚·托纳波尼（Lucrezia Tornabuoni）的画像。洛伦佐的母亲纯洁聪慧，优雅知性，才华卓越。洛伦佐一直深深眷恋着自己的母亲。1482年，母亲的辞世让他悲痛欲绝。另一幅是西蒙内塔的画像。这位美丽的热那亚少女在15岁时嫁给了洛伦佐的朋友马可·韦斯普奇（Marco Vespucci）。她是美第奇家族的忠实追随者，也是朱利亚诺挚爱的情人。朱利亚诺一谈到她，言语之间就会流露出真挚的爱意。她不但长得花容玉貌、美艳绝伦，而且性情温柔、善良贤惠。她的仙姿玉色是当时著名诗人波利齐亚诺和洛伦佐身边那些才华横溢、温文尔雅的宫廷诗人最喜欢赞美的主题。波利齐亚诺热爱文学，尤其精通古典文学和柏拉图的著作。波利齐亚诺在其所写的诗歌里这样称赞西蒙内塔："她有许多非凡的天赋，她的举止是最优雅、最迷人的。她的每一位朋友都觉得自己才是她最深爱的人。那么多男士真心喜欢她，他们彼此之间却没有一点相互嫉妒的感觉；那么多女子赞美她，并非口是心非，而是由衷之言，因为没有一个人对她有一丝嫉妒之感。"还有两幅侧面画作，其作者没有确切的考证。人们以前一直认为这两幅侧面画是波提切利的作品，但是，现在它们被公认为是波提切利的助手所画。意大利艺术史学家贝伦森给这位不知名的艺术家起名为阿米柯·德·桑德罗（Amico di Sandro）。一幅是《西蒙内塔》，现藏于皮蒂宫（the Pitti Palace）。另一幅是英俊潇洒的朱利亚诺的肖像画，现藏于意大利北部城市贝加莫（Bergano）的莫雷利美术馆（the Morelli Gallery）。

波提切利给科西莫最疼爱的儿子乔瓦尼所画的肖像画至今仍保存完好，这是他给美第奇家族所画的肖像画中唯一保留至今的。老科西莫曾因他寄予厚望的儿子乔瓦尼的不幸早夭而悲痛欲绝。这幅著名的人物肖像画，肯定是波提切利以他早期创作的一幅蜡像作品为蓝本画成的。蜡像通常是在人死后，按照其仪容制作而成的雕像。在这幅画里，乔瓦尼身披一件黑色马甲，浓密卷曲的金色长发搭在肩头，头戴一顶猩红色的小帽。画的背景是蜿蜒曲折的阿尔诺河（Arno）风光。为了向人们表明自己也是美第奇家族光荣的一员，乔瓦尼手里拿着父亲科西莫的一枚勋章。为了让人们能够清晰地看到整个勋章，他用双手的拇指和食指捏住勋章的边缘，抬起小臂，把勋章放在胸前。大概就在这个时期，桑德罗还给佛罗伦萨的一位年轻人画了一幅肖像画。画中的年轻人头戴一顶红色小帽，额头宽阔，金色的鬈发浓密油亮。这幅画现藏于意大利国家美术馆。我们不知道这个年轻人是谁，也不清楚他和画家到底是什么关系。他看上去眉目清秀、英俊洒脱、才思敏捷，脸上流露出欢快的神情。画中人物形象逼真，英姿飒爽，浑身散发着阳刚之气。这一切勾起了我们的好奇心，引发我们对此画的巨大兴趣。我们一直想破解此人的身份之谜，但遗憾的是至今未果。

波提切利的绝笔之作《三博士来朝》，现藏于意大利佛罗伦萨乌菲齐美术馆。这是一幅画在祭坛背后的祭坛画。桑德罗特别喜欢这幅画，因为他非常喜欢这个《圣经》故事。这个故事在佛罗伦萨可以说是家喻户晓，它讲述的是三位来自东方的国王朝拜耶稣基督的经历。在桑德罗艺术生涯的不同时期，他曾经多次把这个故事绘制成画，因此给我们留下了多幅不同版本的《三博士来朝》。在不同时期，由于桑德罗的绘画意图截然不同，这些画作的背景也相去甚远。有时，画面背景是怪石嶙峋的荒野；有时是在繁茂的松树林的中央；有时是罗马的拱门和纪念碑；有时是依山傍水、荒无人烟的山野风光。乌菲齐美术馆收藏的那幅祭坛画《三博士来朝》实际上就是美第奇家族的羽化登仙图。桑德罗随后创作的另一个版本的《三博士来朝》主要颂扬的是意大利宗教、政治改革家萨伏那洛拉，表现的是萨伏那洛拉希望在人间建立圣城新耶路撒冷（the New Jerusalem）的美好愿望。最后一个版本的《三博士来朝》赞颂的是殉教的圣徒。在最后这个版本的《三博士来朝》里，画的背景是神秘的天国（the Celestial Country）。守卫上帝宝座的六翼天使脚踩祥云，身上放射出色彩艳丽的光芒。他们载歌载舞，异常欢快。另有几位天使张开双臂，与殉教的圣徒们亲热地拥抱在一起，以此表示对他们的热情欢迎。

波提切利最初创作的两幅《三博士来朝》在艺术风格上主要模仿波拉尤奥洛兄弟。在意大利国家美术馆，我们所看到的这幅长条板面油画《三博士来朝》大概创作于1468年。这幅画里的圆形浮雕很可能是后来补上去的。估计应该是在1474年，波提切利从比萨回到故里之后，为了锦上添花，在这幅画里添加了圆形浮雕。这幅画的背景里有很多人物，画面看上去嘈杂而拥挤。栖息在大理石宝座上的一只长尾孔雀，蹲坐在地上的一条小狗，一群小号手和高大的罗马拱门，等等，这些繁杂的人物不禁使我们想起贝诺佐·戈佐利所画的人头攒动的画面。贝诺佐·戈佐利主要因为创作装饰性挂毯样式的壁画而身显名扬，这些壁画大多数描绘的是15世纪人们日常生活的场面。波提切利以众多的人物作为背景也可能是受到老师在比萨圣墓园所画的湿壁画的启发，才有了这种创作灵感。画中一群群朝气蓬勃的年轻小伙子，一匹匹披着华丽装饰的骏马是他在与波拉尤奥洛兄弟的密切交往过程中学到的绘画风格。在普奇（Pucci）家里，瓦萨里看到过一幅优美的画作，名为《博士的膜拜》(the Epiphany)。波提切利在这幅《三博士来朝》里画的圆形浮雕与那幅画里的圆形浮雕一模一样。普奇家族与美第奇家族一直交往甚密。1475年，安东尼奥·波拉尤奥洛曾为普奇家族创作过一幅著名的装饰画《圣塞巴斯蒂安》。在意大利国家美术馆，如果我们查看官方艺术珍品目录册，就会发现这幅长条板面油画《三博士来朝》的作者并不是波提切利，而是他的老师菲利普·利彼。我们还发现乌菲齐美术馆里收藏的那幅《三博士来朝》的作者也是菲利普·利彼。但是，毫无疑问，这两幅画肯定是波提切利这位青出于蓝而胜于蓝的艺术大师的画作。在艺术造诣方面，他已远远超过了自己的老师。意大利国家美术馆在买到波提切利的这幅长条板面油画《三博士来朝》的同时，也买到了波提切利的另外一幅赫赫有名的画作——《耶稣诞生记》（Nativity）。后来，富勒-梅特兰（Fuller-Maitland）收藏了此画。在这幅画里，有几个人站在圆形浮雕左侧的角落里。他们的长相与乌菲齐美术馆收藏的那幅《三博士来朝》里的人物极其相似。显然，在创作时间上，乌菲齐美术馆里的这幅《三博士来朝》肯定早于意大利国家美术馆的那幅同名画作。波提切利绘制该画的时间，大约是在1476年或1477年。

收藏在乌菲齐美术馆里的《三博士来朝》是一幅祭坛画。虽然画中依然保留着某些传统的绘画特征，比如庇檐和坍塌的拱门，但是，这些细节并不影响这幅画标新立异的整体效果。我们认为这幅画的最大特点就是构思大胆、富于创新。现在，让我们欣赏一下这幅精美的画作。在犹太伯利恒（Bethlehem）（译者注：现巴勒斯坦中部城市）耶稣降生的马厩里，一只孔雀把长长的大尾巴搭在马厩粗糙的墙壁上。在东方的天空中，有一颗耀眼的明星，闪烁的星光洒落在圣家族（the Holy Family）每个人的身上。以上画面是历代画家经常描绘的传统的绘画场景。但是，在以下几个方面，这幅画确实别出心裁。以前的画家总是把圣母子安排在画的某个角落，四周是前来朝拜的信徒。波提切利却第一次把圣母子画在了画面中心一个非常显著的位置上，而且在地势上明显高于前来膜拜圣婴的三位东方圣贤以及站在一旁的众信徒。圣母玛利亚（the Magi）的丈夫约瑟夫（Joseph）站在玛利亚的后面，圣母目视前方，头斜靠在手上，正在恬静地沉思默想。约瑟夫是达味圣王的后裔，圣母的净配，耶稣的养父。在这幅画里，站在一旁观望的众信徒在人数上明显少于其他画家所做的同名画，而且随从也有序地站立在两旁。在人群的正前方，东方三王手托金盒，虔诚地跪在圣婴脚下。

　　瓦萨里在他撰写的"波提切利的一生"中这样介绍这幅画："实际上，东方三王的形象，是以美第奇家族中三位名声显赫的家庭成员作为模板绘制而成的。创作这幅画主要是为了给美第奇家族歌功颂德。在这幅画里，第一位前来朝拜圣婴的国王就是老科西莫。他是一位德高望重的长者，穿着一件毛皮镶边、黄金刺绣的深绿色披风，正在躬身亲吻圣婴的小脚，脸上充满了温柔的爱意，同时也流露出一种心满意足的神情，因为他不远万里、长途跋涉而来就是为了目睹圣婴的尊容。第二位国王身穿貂皮镶衬的鲜红色长袍，跪在两排人群的正中间。从他的仪表姿态以及乌黑发亮的头发可以判断出，他就是被人们称为"痛风者"的皮耶罗。意大利画家米诺·达·费埃索（Mino da Fiesole）所作的半身大理石雕像与这幅画里的皮耶罗极其相似。这幅雕像现藏于佛罗伦萨巴杰罗美术馆（the Bargello）。第三位国王身穿白袍，跪在皮耶罗的左边，正扭过头来与哥哥交谈。他就是科西莫的二儿子乔瓦尼。美第奇家族的其他成员以及他们的朋友被安排在画的左角，与朝廷的宠臣们站在一起。画里的人物都栩栩如生。有几位评论家认为，站在乔瓦尼身后的那个头发乌黑发亮的年轻人，应该是青年时代的朱利亚诺·德·美第奇。他面容忧郁，好像在沉思。他们还认为，站在左边那排最外边的那个年轻小伙肯定是洛伦佐。他穿着一件深红色的长款马甲，双手放在一把长剑的剑柄上，剑尖触地。但是，我们发现这两个人物似乎不像他们本人。两枚分别带有朱利亚诺和洛伦佐头像的勋章可以作为佐证。这两枚勋章一直完好地保存至今。我们把两者进行了仔细的比对，结果发现，刚刚谈到的画上那两个人物与勋章上的人物基本没有相似之处。我们又把这两个人物与朱利亚诺和洛伦佐的半身肖像画相比，同样觉得不太像。可是，他们的祖父老科西莫和老科西莫的两个儿子在外貌上，却酷似这幅画中的三个国王。因此，瓦萨里才肯定地说，在科西莫有生以来的所有画像中，这幅画中的肖像是最逼真、最自然，也是最像本人的。但是，在这幅画里无疑还有另外一个重要人物的肖像。他身材高大，长着鹰钩鼻子，头发乌黑卷曲，身穿一件橘黄色长袍，站在画面右侧。毫无疑问，这个人就是画家本人。波提切利站立的姿势与众不同。他蓦然回首，用犀利的目光看着我们。波提切利四方大脸、深眼窝、高鼻梁、头发油黑而浓密，有一股雄壮威武的气势。一看就是个性格坚强、意志坚定、善于思考、精明睿智的人。过了八九年之后，波提切利的学生菲利皮诺（Filippino）在给佛罗伦萨布朗卡锡小礼拜堂（the Brancacci Chapel）绘制装饰壁画时，也把恩师波提切利画了进去。波提切利的这两幅肖像有很多相似之处。

波提切利创作的这幅《三博士来朝》，整体布局细致严谨。他把人物分立两排，给人一种平衡的美感，可谓技艺精湛。他在塑造人物方面，笔法十分娴熟。他笔下的每一个人物都惟妙惟肖，而且个性独特，形象丰满传神。这幅画刚一完成，就引起了极大的反响。波提切利的高超技艺令世人赞不绝口。一夜之间，他成了人们疯狂崇拜的偶像。瓦萨里在书中写道："在这幅画里，桑德罗赋予每一个人物不同的美质，达到了出神入化的程度。这种美用语言实在难以表达清楚，只能用心去体会。这些人物被安排得错落有致，有的我们能够看到整个人，有的我们只能看到侧面，有的我们能够看到上半身，有的我们只能看到一点点容颜，因为他们正在低头沉思。除此之外，每个人的表情也各不相同。不论是年轻人还是老年人都表现出自己与众不同的完美个性。这些足以证明这位艺术家的绘画技巧已经达到了炉火纯青的地步。无论在绘图、色彩或布局方面，这幅画都美不胜收、妙不可言。每一位画家看完此画之后都惊叹不已。"

当代许多作家对这幅画做出了以下结论：洛伦佐·德·美第奇为

了感谢新圣母玛利亚大教堂（Santa Maria Novella）对自己的搭救之恩，把这幅画作为礼物捐献给了这个教堂。洛伦佐死里逃生的经历发生在1478年。当时，凶手在新圣母玛利亚大教堂里对洛伦佐和他的弟弟朱利亚诺动了手。朱利亚诺身中数刀当场身亡，洛伦佐因为反应灵活，得到救援才幸免于难。作家们之所以做出这么肯定的结论，主要是因为这幅祭坛画的创作日期和画中所出现的美第奇家族赫赫有名的人物，为他们提供了自认为确凿的证据。但是，至今仍无法考证他们的这个论断是否正确。霍讷（Horne）先生最近找到了一些有关这幅画的历史文献。我们从这些文献里得知，波提切利创作的这幅《三博士来朝》最初是乔瓦尼·拉米（Giovanni Lami）家的家庭祭坛画。乔瓦尼·拉米是个商人，在佛罗伦萨有一处老式豪宅，他请波提切利绘制这幅画的目的，就是给当政的美第奇家族歌功颂德。我们从18世纪的文献记录中得知，乔瓦尼·拉米家的这个家庭祭坛位于新圣母玛利亚大教堂大门的左侧，由精美的大理石雕刻而成，装饰得富丽堂皇，现在它已成为著名的主显节（the Epiphany）祭坛。瓦萨里在"波提切利的一生"中写道："世界上最卓越的艺术大师桑德罗·波提切利创作的这幅《三博士来朝》作为绝世精品被人们争相收藏。"

曾经有三位作家提到过，这幅祭坛画《三博士来朝》是桑德罗·波提切利的画作。一位是阿尔贝蒂尼，他曾经为桑德罗写过一部专著——《桑德罗的生平传记》（*Sandro's Lifetime*），另外两位作家分别是安东尼奥·比利和葛迪安诺。此外,这幅画一直挂在新圣母玛利亚大教堂大门外的墙壁上。也难怪,当代作家对自己为波提切利的这幅《三博士来朝》做出的结论会深信不疑。按照文献记载,直到1570年,拉米家的古式祭坛被拆毁,这幅画才被摘下,卖给了法比奥·蒙德拉戈(Fabio Mondragone)。当时,法比奥是大公爵弗兰西斯一世(the Grand Duke Francis I)府上的一个西班牙籍大管家。五年后,法比奥失宠,变卖了所有家产。桑德罗的这幅祭坛画《三博士来朝》就成了大公爵的收藏品。此画一直藏于波焦皇家别墅(the Villa of Poggio Imperiale)。直到1796年,这幅画才被乌菲齐美术馆收藏。

我们确信,这幅祭坛画即便不是遵照"豪华者"洛伦佐之命绘制的,毋庸置疑,它也会引起洛伦佐以及他身边那些高朋贵胄的注意。无论这幅画的经历如何,对于波提切利来说都无所谓,因为这幅画已使波提切利瞬间跻身于佛罗伦萨一流艺术大师的行列。从此以后,美第奇家族便看中了这位大名鼎鼎的艺术家。在随后的几年里,波提切利几乎成为美第奇家族的专职画师。在此期间,他遵从美第奇家族的命令,开辟了一个新的绘画天地,进一步证实了他无与伦比的艺术才能。洛伦佐是一位出色的诗人和艺术评论家,他身旁聚集着当时最优秀的学者、文人和艺术家。他仿效柏拉图《对话录》中的《宴会篇》,组织学者进行哲学讨论。洛伦佐所组织的美第奇皇家文化圈曾风靡一时。在当时的佛罗伦萨,人们非常崇尚古希腊文化。美第奇皇家文化圈里的诗人和人文主义者对古希腊文化更是挚爱有加。多纳泰罗（Donatello）是意大利文艺复兴早期的第一代艺术家，也是15世纪最杰出的雕塑家。他把古希腊神话故事画在徽章上，用其装饰洛伦佐的官邸威盛拉尔加宫的宫廷内院。波拉尤奥洛兄弟还在宫廷内院的墙壁上绘制了装饰画《赫尔克里斯的任务》（*The Labour of Hercules*）。桑德罗天性敏感，喜欢接受新鲜事物。他很快就融入了这股尚古热潮。古希腊神话的强大魅力令他倾心，激发了他无限的创作热情。安东尼奥·比利和那位名不见经传的作家葛迪安诺都曾提道：桑德罗画了很多千娇百媚、国色天香的裸体美女。此外，葛迪安诺还提到在当时的卡斯特罗城堡（Castello），人们可以欣赏到这位艺术大师许多精美绝伦的画作。卡斯特罗城堡曾经是乔瓦尼·德·美第奇伯爵（Signor Giovanni dei Medici）的别墅。乔瓦尼曾是一位著名的军事领袖。1426年，在曼图亚（Mantua）的一次阵前激战中，乔瓦尼战死沙场。三四十年之后，瓦萨里在《艺术家列传》里对波提切利这些精美绝伦的画作做了详细记录。当时，这些画收藏在乔瓦尼的儿子第一代托斯卡纳大公科西莫一世（Duke Cosimo I）所住的卡斯特罗城堡里。"《维纳斯的诞生》（*A Newborn Venus* 或称 *the Birth of Venus*）是其中的一幅画。"瓦萨里写道："维纳斯被唤醒大自然的西风之神（Zephyrs）吹到岸边。在另一幅画里，希腊神话中的美惠三女神（The Graces）（译者注：美惠三女神指的是希腊神话中分别代表着欢愉、贞洁和美丽的三女神的总称）正把美丽的鲜花散在维纳斯的身上，以此表示春天的到来。波提切利创作的这两幅画真是美不胜收。"在罗马神话中，维纳斯既是爱神又是美神。但是在希腊神话里，她的名字叫阿芙洛狄忒（Aphrodite）。据说在世界之初，统管大地的盖亚女神与统管天堂的乌拉诺斯结合。后来他们夫妻二人反目成仇，盖亚盛怒之下命令小儿子克洛诺斯用镰刀割伤其父。乌拉诺斯身上的肉落入大海之中，激起一股美丽的泡沫，这就是维纳斯。希腊语中"阿芙洛狄忒"的意思就是泡沫。

那位名不见经传的作家葛迪安诺以及瓦萨里在卡斯特罗城堡看到的这两幅画，十之八九是洛伦佐·迪·皮埃尔·佛朗西斯科（Lorenzo di Pier Francesco）邀请波提切利画的。画作完成之后，作为礼物，他把这两幅画送给了"豪华者"洛伦佐。洛伦佐·迪·皮埃尔·佛朗西斯科是美第奇家族旁系中的老大。他是老科西莫唯一的弟弟的孙子，是"豪华者"洛伦佐的堂兄。老皮埃尔·佛朗西斯科去世后，洛伦佐·迪·皮埃尔·佛朗西斯科继承了父亲的遗产，拥有了万贯家私。老皮埃尔是美第奇银行的股东，对"痛风者"皮耶罗和皮耶罗的儿子忠心耿耿。"豪华者"洛伦佐也特别希望和这门拥有巨额资产的亲戚保持友好关系。他的这门亲戚一贯慷慨大方，曾经不止一次为他慷慨解囊。洛伦佐和比自己大好几岁的另外两位堂兄也保持着亲密往来。洛伦佐·迪·皮埃尔·佛朗西斯科和"豪华者"洛伦佐一样，也非常喜欢文学，喜欢写诗歌，尤其喜好拉丁诗。他也是学者和艺术家的慷慨赞助人。美丽的卡斯特罗城堡建在卡瑞奇的高山之巅。从城堡可以俯瞰阿尔诺河畔的大峡谷。这里是"豪华者"洛伦佐邀请所有豪门子弟举行盛大宴会、举办娱乐活动的场所。波利齐亚诺曾经创作过一部长篇组诗《西尔维亚》（Sylvie），为了表达自己对"豪华者"洛伦佐的敬意，遂将该诗中的第一首《斗篷》（Manto）赠给了他。这是一首赞美古罗马诗人维吉尔（Virgil）的诗。波利齐亚诺以前曾经写过一首诗，题为《短歌》（Idyll）。这首诗描写的是美第奇家族的波吉奥·阿·卡亚诺（Poggio a Cajano）别墅迷人的田园风光。他把这首诗也赠送给了这位达官贵人。波利齐亚诺"毛遂自荐"之举取得了意想不到的效果。洛伦佐非常欣赏波利齐亚诺所写的这些诗歌。他认为波利齐亚诺满腹经纶，是难得的人才。自此之后，洛伦佐把家里所有装饰画的选材工作全部交给波利齐亚诺负责，并吩咐波利齐亚诺指点波提切利完成这些画的绘制工作。

那时的波利齐亚诺才华横溢、年轻有为，也是一位人文主义者。他备受洛伦佐的喜爱。不久，波利齐亚诺被"豪华者"洛伦佐请进宫中，成为美第奇家族子女的家庭教师。他的第一个学生就是洛伦佐的儿子。不久前，他刚刚为朱利亚诺参加的那次锦标赛创作了一部叙事诗。当时的著名诗人路易吉·浦尔契（Luigi Pulci）也出生于佛罗伦萨。他家祖上几代都是名门望族，但是，到了他这代却一贫如洗。路易吉和美第奇家族素有交往，多次得到佛罗伦萨无冕之王洛伦佐的接济。几年前，洛伦佐在一次马术比赛中摘得桂冠。为此，路易吉特意写了一首赞美诗，赞颂洛伦佐在这次马术比赛中智勇双全的大无畏精神。波利齐亚诺效仿路易吉，也写了一部题为《缪斯女神》（Muse）的叙事长诗，歌颂英俊的朱利亚诺在马术比赛中的勇敢表现以及浪漫的爱情故事。缪斯女神实际上是天神宙斯和记忆女神的九个女儿，这九位女神在希腊神话中被统称为缪斯女神。她们分别掌管绘画、文艺、音乐、诗歌、天文等九种艺术。这些女神最能激发艺术家的创作灵感，所以人们一直认为音乐家、诗人等都会受到缪斯女神的庇护。在波利齐亚诺创作的这部优美的诗歌里，他首先用声调优美的八韵句高度赞扬了这位骁勇善战的赛场英雄，然后又极力赞美这位英雄的貌美如仙的情人西蒙内塔，随后，他把我们带到了美丽的塞浦路斯岛（Cyprus），最后，这位诗人又用华丽的辞藻描绘了美神维纳斯春光明媚的花园以及美丽的少女"春"（Spring）即将到来之时祥和欢快的景象。

因为洛伦佐·美第奇非常喜欢神话题材的壁画，所以，波利齐亚诺建议波提切利以古希腊罗马神话为题材进行艺术创作。波利齐亚诺把自己所写的长诗《缪斯女神》中的每一个故事情节耐心地讲解给这位画家。在波利齐亚诺的笔下，美神维纳斯所统治的天国如世外桃源一般令人心驰神往。这段诗文所表现出来的优美意境激发了波提切利的创作灵感。波提切利很快就创作完成了他的绝世佳作《春》

(Primavera)。根据历史文献中的记载,在文艺复兴时期,达官贵人雇用画家绘制装饰画时,画家不能自选题材,题材必须由雇主确定。画家必须按照雇主的意图进行艺术创作。曼托瓦城的侯爵夫人伊莎贝拉·黛丝恬(Isabella d'Este)在请画家绘制装饰画之前,总是喜欢咨询宫廷里著名的人文主义者,比如作家彼得·本博(Pietro Bembo)和帕里德·达·切雷萨拉(Paride da Ceresara)。有一次,这位侯爵夫人邀请绘画大师乔瓦尼·贝利尼(Giovanni Bellini)以及拉斐尔的老师——大画家皮埃特罗·佩鲁吉诺(Pietro Perugino)给她绘制一幅装饰画《幻想曲》(Fantasie)。在这两位绘画大师创作之时,她要求彼得和帕里德必须在一旁严格指导,并叮嘱他俩不能错过画中的每一个微小的细节。其实,这幅画并非用于非常重要的场合,只是用来装饰她的书房而已。波利齐亚诺对艺术问题一直很感兴趣,他与佛罗伦萨的一些艺术大师一直交往甚密。是他帮助阿尔贝蒂(Alberti)出版了著名的理论著作——《论绘画》(Treatise on Painting)。阿尔贝蒂是意大利文艺复兴时期最有影响的建筑理论家。他首次提出空间表现应基于透视几何原理,强调在进行艺术创作之前,必须进行实物观摩,艺术作品应写真传神,画家应该面向自然并且不断积累素材,只有这样才能创作出理想的作品。阿尔贝蒂的研究成果奠定了文艺复兴时期的艺术在现实主义和科学技法方面的理论基础。波利齐亚诺在帮助波提切利的同时,还向年轻的米开朗琪罗推荐希腊神话故事《半人马之战》

(*The Battle of The Centaurs*），建议他以此为题材进行艺术创作。米开朗琪罗对此非常感兴趣，并就此进行了大胆的尝试。《半人马之战》终于面世了，成为米开朗琪罗早期的浮雕作品之一。洛伦佐·德·美第奇除了请波利齐亚诺指导画家进行绘画创作外，还特意请他为佛罗伦萨画派的创始人乔托（Giotto）和波提切利的老师弗拉·菲利普·利彼撰写墓志铭。洛伦佐为了纪念慈母卢克雷齐亚·托纳波尼，特意请当时著名的意大利画家多米尼克·吉兰达约（Domenico Ghirlandajo）在新圣母玛利亚大教堂绘制了一幅壁画。波利齐亚诺遵照洛伦佐之命，在这幅壁画上题了词。一般情况下，在题词之前，波利齐亚诺总是要征求一下别人的意见，如跟洛伦佐·迪·皮埃尔·佛朗西斯科以及他的几位好朋友一起探讨一下画中某些细节的寓意。他曾经和这几位文人雅士一起探讨过桑德罗为卡斯特罗城堡的大厅绘制的一幅新画。但毫无疑问，在佛罗伦萨，只有"豪华者"洛伦佐才是真正的时尚的主宰者以及审美的仲裁者，所有题词的内容最终还得由他来审定。

波利齐亚诺在长诗《缪斯女神》中所描绘的由美神维纳斯主宰的魔力世界，一直让波提切利深深陶醉而不能自拔，后者为此创作了很多名画。现在，让我们欣赏一下波提切利这幅精妙的巨作——《春》。在这幅画里，爱神维纳斯站在一棵柑橘树下，守卫着自己的天宫。柑橘树枝繁叶茂，树上结满了沉甸甸的金黄色的橘子。一棵香桃木树长得郁郁葱葱，粗大的树枝遮住了生长在它旁边的一棵柑橘树。爱神维纳斯身材高挑，仪表威严，穿着一件白色长袍。她左手摁着身上的披衫，正要迈步向前，去迎接即将到来的美丽的少女"春"。"春"迈着轻盈的脚步穿过草地，飘然而至。她左手托着一兜儿玫瑰花，一边走一边向前抛撒着鲜艳的玫瑰，象征"春回大地，万木争荣"的季节即将来临。"春"头戴由蓝色的矢车菊和雏菊编成的金色花环，金黄色的长发在和煦的春风中轻轻飘动。"春"的脖子上戴着一个由鲜嫩的常春藤和带刺的玫瑰编成的美丽花环，她的白色长袍上也缠绕着同样的花环。"春"所穿的白色长袍上绣满了各色鲜花。她的穿着打扮好像在向人们展示她就是春天的使者。花神（Nymph Flora）欢快地紧随其后。一个个玫瑰花蕾、一朵朵艳丽的银莲花从花神的嘴角飘落而下。花神俏皮地从丈夫西风之神温暖的怀里飞出。身穿蓝色长袍的西风之神仍然依依不舍。他伸出双臂，竭尽全力想抱住花神，不想让她飞走。在洛伦佐创作的诗歌《林爱》(Selve d'Amore) 中就有关于此情此景的描述。显而易见，洛伦佐所写的这篇诗歌，诗文肯定引自拉丁诗人提图斯·卢克莱提乌斯·卡鲁斯（Titus Lucretius Carus）创作的一首诗歌。提图斯是罗马共和国末期的诗人和哲学家，以哲理长诗《物性论》著称于世。在这幅画的左边，美惠三女神身穿透明纱绢做成的白色长袍，在青翠欲滴的草坪上扭动着腰肢，翩翩起舞。她们的纤纤秀手彼此交织在一起，或高举过头，或垂在腰间，或抬到眼前。主神宙斯的特使墨丘利（Mercury）身材魁梧，英姿勃勃。他头戴一顶大檐帽，帽下的头发乌黑浓密，一块红布斜披在他的身上，强壮的四肢裸露在外。墨丘利走在众神的最前方，正用手里的魔杖驱赶着冬天的阴云。众神都在忙着自己的事情，没有一位注意到盘旋在半空中的小爱神丘比特（Cupid）。丘比特正搭弓引箭，寻找着下一个目标。

在这幅画里，我们可以看到桑德罗早期作品的绘画特色。人物修长的身材以及鸭蛋形脸是他独创的绘画风格。除此之外，为了使这幅画构图新颖、不落俗套，他博采众家之长，把各种不同的绘画技巧有机地融入这幅画里。年轻少女穿着白色紧身衣，舞步轻盈，显然这是波提切利的老师弗拉·菲利普·利彼最喜欢画的天使形象。在金匠画家的店铺工作期间，桑德罗掌握了装点人物的绘画技巧，例如少女"春"所穿的长袍上丰富多彩的绣花图案以及爱神维纳斯的披肩秀发上点缀的珍珠。"春"的微笑里带有一种迷人的魅力，但这种魅力简直难以言表，这是桑德罗从他的同窗好友列奥纳多·达·芬奇那里借鉴来的绘画技巧。但是，这幅画最吸引我们的地方并不在于以上几个方面。春回大地，万物复苏的欢快景象以及随处可见的鲜芽、嫩叶所展示出来的自然美景，才是我们对这幅画感触最深的地方。这也使此画成为春光明媚的五月最完美的代言作品。每当五月来临，群芳争艳，熏风醉人，一半是浪漫，一半是温柔。难怪洛伦佐以及他门下的文人墨客们格外钟情于五月。他们写了无数诗歌，不厌其烦地赞美五月。诗人们凭借自己丰富的想象力，把古典神话与现代思想完美地融合一起，使古典神话升华成为文艺复兴初期人们理想中的梦幻仙境。

　　随着岁月的流逝，《春》已不再像往昔那般光彩夺目。画上蔚蓝的天空已变得灰暗，柑橘树和香桃木树翠绿的叶子已变得暗淡，诱人的金橘、鲜艳的花朵已经失去了旧日的光泽。即便如此，桑德罗的《春》仍然是当代诗人以及画家心目中最辉煌夺目的画作之一。每当春风送暖的 5 月来临之时，洛伦佐就会盛情邀请人文主义者们在卡斯特罗城堡欢聚一堂，津津乐道地品评桑德罗创作的这幅精美画作。这位年轻的佛罗伦萨艺术大师创作的这幅画让他们既养心又养眼。但是，谁也没有想到，厄运正悄无声息地向他们靠近。青春和爱情的美好梦想马上就要被悲惨的命运彻底摧毁。

　　"多么美好的青春啊，然而它却转瞬即逝！尽情享受今天的快乐吧，因为明天是个未知数。"当人们纵酒狂欢之时，最喜欢吟唱的就是洛伦佐的这首赞美诗《狂欢》（Canival）。人们欢快地唱着，尽情地享受着眼前的快乐时光。没有一个人意识到，诗歌中欢快的叠句里暗含着一种不祥的征兆。人们反复地吟唱着同一句话："多么美好的青春啊，然而它却转瞬即逝！"难怪人们常说天妒红颜，波利齐亚诺的长诗《缪斯女神》还没有收笔，貌似天仙的西蒙内塔就因久治不愈的肺结核香消玉殒了。西蒙内塔被埋葬在佛罗伦萨诸圣教堂（Ognissanti）。为了让人们能够最后看一眼这位绝代佳人的美丽容颜，在西蒙内塔被送往墓地的途中，脸上没有覆盖任何东西。洛伦佐的朋友，贝蒂尼

（Bettini）曾经这样写道："佛罗伦萨的所有市民都来为西蒙内塔送行。他们无一不为这位倾国倾城的娇柔女子的早逝感到惋惜。灵柩上的西蒙内塔像个睡美人，那种人神合一的美，比她生前更迷人、更令人陶醉。"全城的人跟随着她的灵车缓缓前行，泣不成声。美第奇皇家文化圈里的所有诗人都为她的悲惨命运唏嘘不已，他们纷纷提笔写诗，以此表达对她的哀思。浦尔契和波利齐亚诺为其创作了拉丁挽歌和短诗。为了纪念她，洛伦佐也亲自写了一首十四行诗。

西蒙内塔去世两年后，朱利亚诺也遇刺身亡。这场悲剧发生在1478年4月26日，那天正好是个星期天。当时，洛伦佐和弟弟朱利亚诺正在新圣母玛利亚大教堂做复活节弥撒。洛伦佐的政敌帕齐家族（the Pazzi）的爪牙突然从他们身后携刀冲过来。朱利亚诺身中十九刀，跌倒在唱诗房的台阶上。洛伦佐临危不惧、反应机敏。但因他手无寸铁，身上也多处受伤。机智勇敢的臣仆们冒着生命危险把受伤的洛伦佐拖进了圣器储藏室，并把所有进入祭坛的青铜大门紧紧关死，洛伦佐这才得以死里逃生，幸免于难。因为佛罗伦萨人衷心拥护洛伦佐，他们很快为朱利亚诺报了仇。参与这次谋杀事件的主犯很快被捕拿归案，并处以极刑。人们把比萨大主教从市政厅的窗户外吊下来处以绞刑。随即，波提切利奉洛伦佐之命，把这几个人受刑的场面画在市政厅的外墙壁上，以此警示那些居心叵测的叛逆分子。

1480年，佛罗伦萨再一次迎来了和平的曙光，美第奇家族在佛罗伦萨重掌大权，洛伦佐的统治地位变得更加稳固。在这个特殊的历史时期，洛伦佐急需波提切利为他创作一幅新画，以此纪念美第奇家族在这次血雨腥风之后的伟大胜利。波提切利创作的这幅新画就是他的著名画作《帕拉斯和半人马》（Pallas and the Centaur）。八年前，有人在皮蒂宫的一个黑暗角落发现了波提切利绘制的这幅画。皮蒂宫当年是美第奇家族居住的宫殿。1457年，佛罗伦萨商人皮蒂开始建造此宫，因而得名。波提切利绘制的这幅《帕拉斯和半人马》当年只在洛伦佐的官邸威盛拉尔加宫美第奇家族的珍品收藏清单中被提到过一次。这份清单撰写于1516年10月，里面是这样描述这幅画的："这是一幅画有密涅瓦（Minerva）和一个半人马的人物画。"密涅瓦又名雅典娜，最初的名字叫帕拉斯，是希腊奥林匹斯十二主神之一，是希腊神话中的智慧女神和战神。在这幅画里，身材高挑的帕拉斯神态庄严而高贵。她手握长戟，身背盾牌，右手紧紧抓住半人马前额的头发。显然，从这幅画里我们可以领悟到画家祝贺美第奇家族在政治上大获全胜的寓意。另外，这幅画也表现了美第奇家族在治国方面英明、仁慈的统治政策。女神帕拉斯身穿白色长袍，长袍上镶有由三枚到四枚钻石戒指组成的三角形或四方形的绣花图案。由三枚钻石戒指组成的三角形图案是美第奇家族最喜欢的图案。在这幅画里，女神帕拉斯头戴美丽的橄榄枝花环，她的胸前和双臂也缠绕着象征和平的橄榄枝。这一次，和平的确来之不易，它是洛伦佐冒着生命危险打败劲敌得来的。

在13世纪，诞生了两位名人，一位是被誉为"欧洲绘画之父"的乔托，另一位是著名诗人但丁。从这两位名人生活的年代开始，半人马就被人们看作罪恶和愚蠢的象征，因为在那个年代，半人马的字面意思是"愚人"。一直到现在，人们也未曾改变对半人马的这种看法。显然，在这幅画里，半人马代表的是洛伦佐的仇敌帕齐家族。但奇怪的是，波提切利所画的半人马并不是罪恶、丑陋的魔鬼，而是一个面色苍老、年迈无力、可怜巴巴的半马人。面对天神宙斯的女儿帕拉斯，他不寒而栗，束手就擒。为了保全性命，他好像在祈求帕拉斯发发善心，能够对他手下留情。年轻的帕拉斯给人一种神圣的美感。在这幅画的背景里，我们可以看到那不勒斯海湾远方迷人的景色。一条大船正在海上航行，这显然是为了纪念洛伦佐成功出使那不勒斯、觐见费兰特国王（King Ferrante）而画的。1478年，佛罗伦萨人民为朱利亚诺报仇之后，教皇西斯都四世（Pope Sixtus IV）便没收了美第奇家族的所有财产，并威胁说，如果佛罗伦萨不把洛伦佐交给他，他就会开除佛罗伦萨所有宫廷成员的教籍，同时褫夺整个佛罗伦萨的教权。佛罗伦萨人民和教堂的修士们断然拒绝了教皇的无理要求。但是，由于那不勒斯国王费兰特支持罗马教廷，佛罗伦萨的形势依然非常严峻。眼见战局不利，洛伦佐亲自到那不勒斯说服敌人，缔结了友好合约。教皇西斯都四世变得孤立无援，只得承认合约有效。1480年2月，洛伦佐返回佛罗伦萨。佛罗伦萨人民欢呼雀跃，夹道迎接这位足智多谋的英雄。

大概就在这个时期，波提切利创作的画作非常有自己的特点。帕拉斯的形象酷似《春》里的爱神维纳斯，而且臀部过大，这也是波提切利早期绘画作品的一个奇怪而有趣的特征。过去，波提切利受波拉尤奥洛兄弟的影响很大。在他早期创作的作品中，他总是极力模仿波拉尤奥洛兄弟的绘画风格。但是，总体来讲，从他现在创作的这些作品来看，波拉尤奥洛兄弟对波提切利的影响已经非常小了。在波提切利的所有画作当中，《帕拉斯和半人马》这幅画在衣服颜色的搭配上是最漂亮、最协调的。帕拉斯脚踏橘色的鞋子，身穿一袭白袍，外罩一件深绿色的披风，微风徐来，她金红色的长发呈波浪起伏状，在阳光下熠熠生辉。画面里神圣美丽的女战神与背景里渐次倾斜的岩石交相辉映。波提切利用这幅优美的画作再一次向我们表明：充满诗意的想象力能够化腐朽为神奇，让最晦暗的东西光彩照人，即便是一幅政治画作，在技艺高超的画家笔下也能变成一幅赏心悦目的精美图画。

波提切利在1481年年初去罗马之前，创作的另外两幅以神话传说为主题的画作一直完好地保存到现在。但是，现在有人质疑这两幅画可能并非波提切利的真迹。其中一幅画是《维纳斯的诞生》，瓦萨里曾经在卡斯特罗城堡看到过这幅画。当时，这幅画与波提切利的画作《春》挂在一起。就像《春》一样，《维纳斯的诞生》这幅画的题材也选自波利齐亚诺的诗歌。不过，《维纳斯的诞生》取自另外一首诗，名为《吉奥斯特纳》(Giostra)。诗人波利齐亚诺把《荷马史诗》(The Homeric Hymns)中的一段文字改写成了自己的诗歌《吉奥斯特纳》。在这部诗歌里，西风之神在空中翱翔，口里不断吹出和煦的微风；刚刚出生的希腊美神阿芙洛狄忒脚踩浮在爱琴海上的贝壳，随风缓缓前行，来到岸边。天神（Heaven）和地神（Earth）为她的诞生感到万分惊喜。执掌自然秩序的时序女神（The Hours）（译者注：时序女神一共三人，第一位女神叫欧诺弥亚，主要掌管秩序；第二位女神叫狄刻，掌管公正；第三位女神叫厄瑞涅，掌管和平）早已守候在岸边，等待美神阿芙洛狄忒的到来。阿芙洛狄忒一到岸边，时序女神赶忙迈步向前，把绣满菊花的长袍披在她的身上。无数的鲜花在阿芙洛狄忒的脚下争先绽放。在这幅画里，波利齐亚诺所写的这首诗中所有优美、形象的文字描述，都被波提切利用画笔如实地再现出来。美神右手抬起，遮住香温玉软的前胸。她的过膝长发犹如一条金色的瀑布披在身后，金黄色的刘海儿像波浪一样随风飘动。美神下意识地用左手抓住垂落下来的发梢，轻轻放在白皙柔嫩的腿间。一位纯洁无瑕、国色天香的美丽少女跃然眼前。她双脚轻盈地踏在金色的贝壳上，在碧波荡漾的水面轻轻滑过。西风之神张开双翼，在空中飞翔。他把爱神轻轻吹送到鲜花覆盖的岸边。一朵朵鲜艳的玫瑰花凌空而降，飘飘洒洒地落在她的身上。不过，波提切利在塑造时序女神的人物形象时，并没有完全照搬《荷马史诗》和波利齐亚诺的诗歌里时序三女神的形象。他充分发挥自己的想象力，塑造了一位身穿白色长袍的美丽女神，长袍上绣满了漂亮的矢车菊。她轻轻地向前跳起，把一件绣满菊花的粉红色斗篷披在阿芙洛狄忒的身上。在岸边有一片根深叶茂的月桂树林，这不禁使我们的脑海中浮现出一幅优美的画面："在繁茂的桂树林中，花香缭绕，燕语莺啼。百鸟为托斯卡纳的春天唱着欢快的歌。"这幅画的背景是一片浩渺无边、寂静的大海。远处隐约可见的海岬仍在昏暗的黎明中沉睡。

在这幅画里，桑德罗采用巧妙的手法完美地表现出画面轻柔、优美的动感。在风中飞舞的长袍，从空中飘落下来的玫瑰花，碧波荡漾的大海，飘逸的长发，时序女神轻盈的举止和欢快的姿态以及美神维纳斯飘然而至的动作都给人以动态的美感。桑德罗从来没有画过如此漂亮、娇柔的女性形象。从传统的角度分析，他笔下的这位女神乳白色的玉体肯定是模仿了美第奇-里卡迪宫中大花园里的古典雕塑。其他任何一位艺术大师的绘画风格在这幅精品画作中已不见一点踪影。每一个细节都是波提切利在深思熟虑之后所迸发出来的灵感的火花。画中的每一个人物都是波提切利凭借自己丰富的想象力首创出来的。波提切利的绘画技巧在这幅作品中已经达到炉火纯青的地步。如果我们仔细观察，就会发现在他早期创作的作品中，有一些人物在某些细节方面总显得有些呆板，但是，在这幅作品中，他所塑造的每一个人物，就连细微之处都尽善尽美。波提切利的绘画技巧在这个时期已达到登峰造极的地步。他所创作的每一幅画作中，人物形象丰满，神态自然，比例协调，举止优雅。流畅、和谐、优美的线条造型，完美的装饰效果，就连最精湛的艺术家都会感到望尘莫及，而且，至今仍无人能够超越。

与此同时，桑德罗还创作了另外一幅以古典神话为主题的画作《维纳斯与玛尔斯》(Venus and Mars)。"豪华者"洛伦佐非常喜欢这幅画，因为这幅画总是能够不断地为他带来不同的创作灵感，让他写出了很多美妙的诗篇，其中有一篇名为《玛尔斯和维纳斯的心肝宝贝们》(The Loves of Mars and Venus)。这篇诗歌语言欢快活泼，情节生动有趣，富有戏剧色彩。"豪华者"洛伦佐的孩子们非常喜欢这篇诗歌，他们把父亲的这篇诗歌编排成短剧，一遇到节日等喜庆的场合，他们就搭台演出，给人们增添了无限的欢乐。这篇诗歌通篇由四段独白构成，依次出场的是爱神维纳斯、战神玛尔斯、太阳神阿波罗（Apollo）和火神武尔坎（Vulcan）。洛伦佐一生中所写的最经典、最美妙的句子都出现在这篇诗歌中。洛伦佐邀请波提切利绘制这幅画，估计他是想用这幅画装饰美第奇-里卡迪宫中的门廊。直到大约50年前，这幅画才被人从佛罗伦萨运往英国，成为巴克（Barker）先生的收藏品。在《维纳斯与玛尔斯》这幅画里，胸膛宽大、体魄强健的战神斜躺在长满鲜花的草地上，他的头向后仰着，已酣然入梦。在夏日的海边，战神甜美地睡在由香桃木搭建的凉亭里，这个凉亭正是洛伦佐在诗中所描绘的那个甜蜜的家。四个头上长着羊角的可爱宝宝正在玩弄战神的长矛和钢盔。一个宝宝很淘气，为了吓唬战神，他手拿螺号，使尽浑身解数，对准战神的耳朵猛吹。显然，由于气力不够，他根本没有惊动熟睡的战神。但他仍然不死心，鼓着小腮帮，不停地吹着。他全神贯注的模样真是可爱至极。古希腊著名的讽刺作家卢奇安（Lucian）曾经创作过一部名为《亚历山大的终身大事》（*Marriage of Alexander*）的系列作品，画中这些孩子嬉戏的场面显然取材于卢奇安的这部作品。卢奇安对艺术作品的描述一向细腻而准确。佛罗伦萨的人文主义者非常喜欢他的这种写作风格。在桑德罗的这幅画里，三个小天使趁战神熟睡之际，抱着战神的长矛尽情地玩耍，这个欢快的场面在卢奇安的作品里被描写得绘声绘色。爱神维纳斯娴静地坐在战神的对面。她身穿一件白色绢纱长袍，长袍绣着金边，右臂倚靠在深红色的枕头上。维纳斯姿态端庄优雅，她挺胸抬头，专注地看着沉睡中的战神，脸上流露出一种恬静的幸福感。维纳斯面颊两侧卷曲的秀发就像微风吹过平静的湖面荡起的涟漪，一条小辫像麦穗一样盘在脑后，背后是金黄色的披肩长发。在桑德罗创作的这幅画中，维纳斯的人物形象极其丰满、栩栩如生，尤其是她那含情脉脉的眼神，不禁使著名的评论家里希特（Richter）联想到，这位爱神就是西蒙内塔，而酣睡的战神就是她的情人朱利亚诺。虽然可能会有人对此持有异议，但是，这幅画高超的绘画技巧却能够让每个人都心服口服。波提切利的这幅画画面设计得十分新颖，引人入胜。人体造型优美，比例协调。战神高大魁伟，身体强健，全身的肌肉自然隆起，充满了力与美。人物形象鲜活，尤其对四个调皮可爱的小家伙的描绘谑而不虐。维纳斯穿的绢纱长袍临风飘逸，繁复的袍纹形成流畅轻灵的线条，给人一种动态的美感。深红色的枕头、镶有金边的蓝色头盔以及碧绿的香桃木树，所有这些物体的色彩极其亮丽，与背景里淡蓝色的天空和大海交相呼应，形成了鲜明的对照。这幅画还有一幅姊妹画，现藏于意大利国家美术馆。这幅姊妹画是意大利国家美术馆从英国收藏家巴克先生手里买回来的。在这幅姊妹画里，维纳斯斜倚在长沙发上，三个可爱的小天使在她的脚旁玩耍。他们快乐地摆弄着一串串晶莹剔透的葡萄以及色彩鲜艳的红、白玫瑰。通过鉴定，现在人们断言，这幅画是桑德罗的得力助手雅格布·德尔·萨德勒（Jacopo del Sellajo）的画作。最近，艺术评论家们一直在研读贝伦森和海尔·汉斯·马科夫斯（Herr Hans Mackowsky）的作品，试图从中寻找有关萨德勒生平的记录，以便对这位画家进行深入的研究。

1481—1487年
The life of Sandro Botticelli

《对反叛者的惩罚》,约 1481 年,梵蒂冈,西斯廷礼拜堂

《圣母领报 | 斯卡拉圣马蒂诺圣母报喜(局部)》，1481年，佛罗伦萨，乌菲齐美术馆

《摩西的考验》，1481—1482 年，梵蒂冈，西斯廷礼拜堂

《摩西的考验(局部)》,1481—1482年,梵蒂冈,西斯廷礼拜堂

《摩西的考验（局部）》，1481—1482 年，梵蒂冈，西斯廷礼拜堂

《基督的考验》,1481—1482年,梵蒂冈,西斯廷礼拜堂

《基督的考验（局部）》，1481—1482年，梵蒂冈，西斯廷礼拜堂

《基督的考验(局部)》,1481—1482年,梵蒂冈,西斯廷礼拜堂

《地狱深渊》,1481—1487 年,《神曲·地狱篇》,第一首,梵蒂冈,宗座图书馆

《与布鲁乃陀·拉蒂尼的对话》,1481—1487 年,《神曲·地狱篇》,第十五首,第七层,第三圈,梵蒂冈,宗座图书馆

《春(局部)》,约 1482 年,佛罗伦萨,乌菲齐美术馆

《春(局部)》,约1482年,佛罗伦萨,乌菲齐美术馆

《春》,约 1482 年,佛罗伦萨,乌菲齐美术馆

《春(局部)》,约1482年,佛罗伦萨,乌菲齐美术馆

《春(局部)》,约1482年,佛罗伦萨,乌菲齐美术馆

《三博士来朝》,约 1482 年,华盛顿,国家艺术馆

《帕拉斯与半人马 | 帕拉斯驯服半人马》，约 1482—1485 年，佛罗伦萨，乌菲齐美术馆

《老实人纳斯塔基奥的故事（局部）》，1483 年，纳斯塔基奥在林中设宴，追逐画面再现（第三篇），马德里，普拉多博物馆

《老实人纳斯塔基奥的故事》,1483年,纳斯塔基奥在林中设宴,追逐画面再现(第三篇),马德里,普拉多博物馆

《老实人纳斯塔基奥的故事》，1483年，纳斯塔基奥在森林中的所见（第一篇），马德里，普拉多博物馆

《老实人纳斯塔基奥的故事（局部）》，1483年，纳斯塔基奥在森林中的所见（第一篇），马德里，普拉多博物馆

《老实人纳斯塔基奥的故事（局部）》，1483年，纳斯塔基奥在森林中的所见（第一篇），马德里，普拉多博物馆

《老实人纳斯塔基奥的故事（局部）》，1483年，女子被圭多·德里·阿纳斯塔吉手刃（第二篇），马德里，普拉多博物馆

《老实人纳斯塔基奥的故事》,1483年,女子被圭多·德里·阿纳斯塔吉手刃(第二篇),马德里,普拉多博物馆

《维纳斯与玛尔斯》,约 1483 年,伦敦,国家美术馆

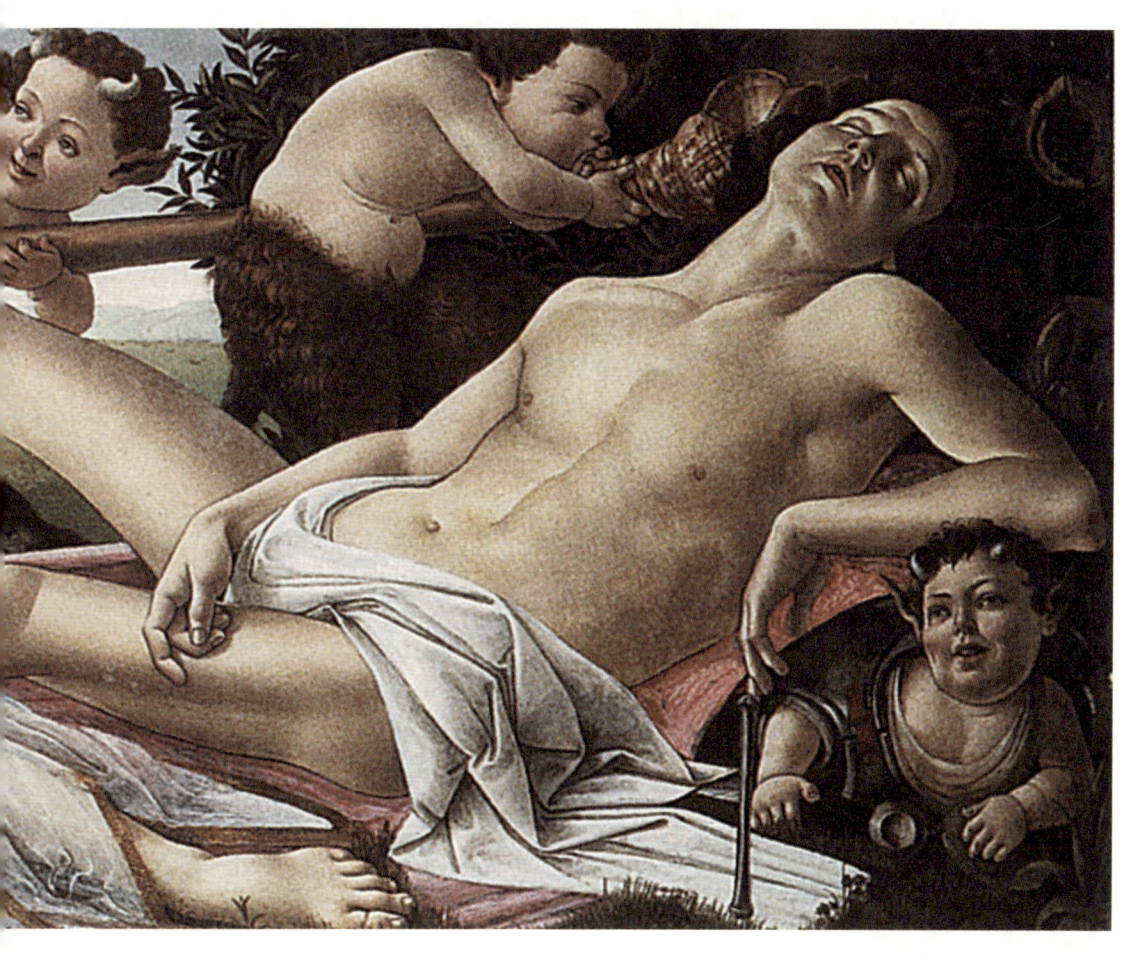

《老实人纳斯塔基奥的故事》,1483年,婚礼筵席(第四篇),北美,私人收藏

《维纳斯的诞生》,约 1484—1485 年,佛罗伦萨,乌菲齐美术馆

《宝座上的童贞玛利亚与圣子,圣人施洗者约翰与福音书作者约翰 | 巴迪祭坛画》,1485年,柏林,国家博物馆

《年轻男子肖像》,约 1485 年,伦敦,国家美术馆

《年轻男子(洛伦佐·托纳波尼?)在博雅艺术跟前》,约 1486 年,巴黎,卢浮宫

《维纳斯与美惠三女神向一位少女(乔凡娜·托纳波尼?)赠礼》,约1486年,巴黎,卢浮宫

《宝座上的圣母与圣子,圣人亚历山大城的凯瑟琳、奥古斯丁、巴拿巴、施洗者约翰、主教依纳爵与大天使米迦勒 | 圣巴拿巴祭坛画》,约1487年,佛罗伦萨,乌菲齐美术馆

《圣巴拿巴祭坛画(局部)》,约 1487 年,佛罗伦萨,乌菲齐美术馆

《圣巴拿巴祭坛画(局部)》,约 1487 年,佛罗伦萨,乌菲齐美术馆

《圣巴拿巴祭坛画(局部)》,约1487年,佛罗伦萨,乌菲齐美术馆

《圣巴拿巴祭坛画(局部)》,约1487年,佛罗伦萨,乌菲齐美术馆

《持石榴的圣母 | 圣母、圣子与六位天使》,1487 年,佛罗伦萨,乌菲齐美术馆

辉煌的时代

　　1480年,为了纪念洛伦佐出使那不勒斯凯旋,波提切利为其创作了《帕拉斯和半人马》。同年,已故的西蒙内塔的亲戚韦斯普奇家族(The Vespucci),邀请桑德罗在其教区教堂即佛罗伦萨诸圣教堂的大殿里绘制一幅湿壁画《小书房中的圣奥古斯丁》(*St.Augustine*)。瓦萨里曾经这样记录这段历史:"桑德罗竭尽全力想要超过他的所有同行,特别是多米尼克·吉兰达约,因为吉兰达约早已创作完成的《圣杰罗姆》(*St.Jerome*)就画在诸圣教堂大殿里的墙壁上,他即将在这幅画对面的墙壁上绘制《小书房中的圣奥古斯丁》。"事实证明,假如把美术界最佳艺术作品奖授予《小书房中的圣奥古斯丁》,桑德罗也当之无愧。桑德罗描绘人物面容的笔法的确高人一筹。在他的笔下,一位博学多才、思维敏捷、才智超群的知识分子形象活灵活现地展现在我们眼前。奥古斯丁蹙眉凝神、目光深邃,气度高雅不凡,一看就是一位富有智慧、善于思考、从事高深学术研究的老学者。我们从瓦萨里的记录中得知，多米尼克·吉兰达约当时是桑德罗的主要竞争对手，是美第奇家族和佛罗伦萨其他许多地位显赫的高官贵族最喜爱的画家。但是，这两位艺术大师的绘画风格和思路是截然不同的。如果你想要细细地品味这两位艺术大师不同的绘画特色，那么就来佛罗伦萨诸圣教堂吧，因为这两位艺术大师的画分立在教堂大殿的两面墙上。

在波提切利的《小书房中的圣奥古斯丁》和吉兰达约的《圣杰罗姆》两幅壁画里，主景的设计基本一样，两位圣人都坐在书桌旁，陷入沉思。但是，这两幅画强调的重点截然不同。吉兰达约重点强调人物以外的其他事物，比如，蜡烛、计时沙漏器、墨台、剪刀、红衣主教的帽子、架子上的热水瓶以及桌布的花色图案。所有这些零零碎碎的东西都画得细腻精美、宛如实物。波提切利却习惯性地把我们领进人物的内心世界。这位伟大的神学家丰富多彩、复杂多变的内心活动，被画家淋漓尽致地展现在我们的眼前。奥古斯丁是罗马河马市的主教，也是一位虔诚的基督教徒，是中世纪基督教界最受尊敬的领袖之一。他对基督教的极端热忱和虔敬使波提切利感同身受。在波提切利创作的这幅壁画里，奥古斯丁独自一人坐在一间狭小的房间里，久经沧桑的脸上留下了岁月的痕迹。他双眉紧蹙，一副若有所思的样子，好像在对令他感到困惑的某个神学问题冥思苦想。奥古斯丁双目炯炯有神，凝视着前方，虔诚而耐心地等待着神灵的启迪。他的双唇微微张开，似乎在轻声祈祷，祈求上帝赐给他灵感，解开他内心的谜团。

1480年是桑德罗的事业飞黄腾达的一年。他开办了好几家大型画坊。从他所填写的第二份个人所得税纳税申报表里，我们可以大致地了解到他的生活状况。桑德罗当时的生活应该是很富足的。他虽然已长大成人，但仍然和父亲一起生活，住在佛罗伦萨新街。他的父亲马利安奴当时已经86岁高龄，正在家颐养天年，不再为生计奔波。在这个三代同堂的大家庭里，几乎所有的人都与马利安奴住在一起。但是随着家庭人口的不断增加，马利安奴不得不在附近又租赁了一栋房子，租金是每年9枚金币。马利安奴的妻子已经故去，他的弟媳蒙纳·万杰利斯塔（Monna Vangelista）帮助他管理家务。蒙纳·万杰利斯塔已经70岁了，是马利安奴的弟弟阿米地奥（Amedeo）的妻子，阿米地奥也已经辞世。马利安奴的大儿子乔瓦尼60岁了。人们似乎已经忘却了他的名字，从他年轻时到现在一直叫他"大木桶"。为了养家糊口，乔瓦尼仍然在做皮革生意。他的妻子是贝宁卡萨·德·乔瑞（Benincasa dei Chori）的女儿蒙纳·涅拉（Monna Nera）。涅拉给他生了7个孩子。老大贝宁卡萨（Benincasa）今年19岁，在罗马银行家萨尔维亚蒂（Salviati）经营的一家银行里工作。这个孩子挣的钱不够自己花，还要向父母伸手要钱，每个月他向父母要的钱比自己挣的钱还多。老二阿米地奥（Amedeo）也在一家银行工作。他生性聪明机灵，是一个前途无量的小伙子。阿米地奥跟哥哥贝宁卡萨一样，也是自己挣钱自己花，没向父母交过一分钱，好在没有跟父母要过钱。老三阿尼奥莱托（Agnoletto）8岁，老四雅格布（Jacopo）才3岁。他俩已经上学读书。乔瓦尼还有三个闺女，亚历山德拉（Alessandra）、安娜（Anna）和斯梅拉尔达（Smeralda）。小女儿斯梅拉尔达刚刚出生不久。家庭的生活开销太大，大儿子马上就要成家，乔瓦尼根本没有能力为女儿准备嫁妆。马利安奴的二儿子安东尼奥已经51岁，以前一直是个金匠，现在住在博洛尼亚（Bologna），经营一家书店，除去一切花销，每个月能净挣大概两个金币。他有三个孩子。老大是个女孩，今年9岁，名叫伊丽莎白（Elisabetta）。大儿子小马利安奴7岁，天生喜欢画画，长大之后，他也跟叔叔波提切利一样成了一名艺术家。但遗憾的是，1527年，小马利安奴过早地离开了人世。老三巴塞洛缪（Bartolommeo）年仅5岁。安东尼奥的妻子巴特罗密尔·斯蒂格拉蒂（Bartolommea Spigolati）已身怀六甲。再过三个月，安东尼奥的第四个孩子就该出生了。桑德罗的三哥西蒙奈大概41岁，住在那不勒斯，无业在家。最后一位是马利安奴的小儿子——画家桑德罗。他在自己创办的一家画坊里工作，这是他自己选择的职业。1480年，他才33岁，正值壮年。1457年的户籍簿上记载，桑德罗当年已经13岁了，这与我们所考察到的年龄有些出入。当年在佛罗伦萨，这种情况屡见不鲜，有很多人的实际年龄与户籍登记表里记录的年龄根本不符。按照惯例，孩子在婴幼儿时期，家长在个人所得税纳税申报表里所报的孩子的年龄是最正确的，因为为了逃税，大人一般都会隐瞒孩子青少年时期的年龄。不管怎样，相对而言，马利安奴一家的生活在当时还是很富裕的。马利安奴的弟弟雅格布去世后，马利安奴继承了弟弟的所有遗产。雅格布也是一个皮革商，去世时还未娶妻生子。他生前拥有多处房产，在佩雷托拉（Peretola）有一块地，这块地一年可以产小麦72蒲式耳（译者注：1蒲式耳等于0.027216吨）。雅格布在卡瑞奇还有一个大农场，这个农场就在"豪华者"洛伦佐家的别墅旁。雅格布把这个农场租了出去，仅靠租金就可得到30枚金币的收入。但是，雅格布买这个农场并不是为了钱，而是为鼠疫、旱涝等天灾之年准备一个避难所。雅格布去世之后，这个农场就成了马利安奴的家产，但是在佛罗伦萨有很多人不知道这件事情。另外，马利安奴的这套乡间住宅恰巧又紧挨着洛伦佐家的那座乡间别墅，这个特殊的地理位置让那些好奇心极强但又不知内情的人匪夷所思。当年，洛伦佐在卡瑞奇的这座豪华别墅一直门庭若市，我们的主人公桑德罗也是这里的常客。除了给洛伦佐以及洛伦佐的朋友绘制佳作以外，桑德罗还经常参加美第奇皇家文化圈内一流学者及诗人组织的各种社交活动。

1481年刚过完新年不久，桑德罗就接到一个非常重要的绘画订单，雇主是他意想不到的一个大人物：教皇西斯都四世。教皇西斯都四世邀请他到梵蒂冈（Vatican），为刚刚竣工的一个礼拜堂监管壁画装饰工作。多年以来，这个野心勃勃的教皇一直是美第奇家族的劲敌。教皇西斯都四世的侄子，吉洛拉莫·里亚里奥（Girolamo Riario），就是那次在新圣母玛利亚大教堂杀害朱利亚诺·美第奇的主要策划者。众所周知，1478年4月发生的历史上著名的"帕齐阴谋"就是教皇西斯都四世在梵蒂冈秘密策划的。当比萨大主教被处以绞刑、红衣主教拉斐罗·里亚里奥（Raffaelle Riario）被捕入狱不久，佛罗伦萨人民仍然义愤填膺之时，教皇西斯都四世为了报复，宣布1480年12月解除的禁令在佛罗伦萨重新生效。他的第一道命令就是把绘制在市政厅外墙壁上的那些画全部除掉，因为他一想起墙壁上帕齐家族受刑的这几个谋杀犯，就有一种被羞辱的感觉。命运总是很捉弄人。桑德罗当年遵照"豪华者"洛伦佐之命，用画笔再现了谋杀朱利亚诺·美第奇的凶手们受刑的场面，然而，如今他又受邀于洛伦佐的仇敌，到梵蒂冈教皇的礼拜堂绘制装饰画。

人们普遍认为，波提切利和他的同行是被教皇的侄子枢机主教朱利亚诺·德拉·罗韦雷（Cardinal Giuliano Della Rovere）邀请到罗马来的，罗韦雷就是日后的罗马战神教皇尤里乌斯二世（Pope Julius Ⅱ）（译者注：尤里乌斯二世亦有翻译为朱利亚斯二世）。1481年6月，朱利亚诺·德拉·罗韦雷在去法国的途中路过佛罗伦萨时，顺路邀请了波提切利。但是，根据史书记载，这个时候，托斯卡纳画派的画家们正在西斯廷作画。（译者注：佛罗伦萨是托斯卡纳的首府，故此佛罗伦萨画派也被称为托斯卡纳画派。）所以我们认为，1480年12月，当乔瓦尼·托纳波尼（Giovanni Tornabuoni）和圭多·安东尼奥·韦斯普奇（Guido Antonio Vespucci）作为意大利的外交使节来到罗马的时候，很可能把佛罗伦萨一些著名的画家推荐给了教皇西斯都四世。瓦萨里的确也认为，因为波提切利给新圣母玛利亚大教堂绘制的祭坛画很出名，教皇西斯都四世听说之后，才决定邀请波提切利给自己新建成的一座教堂绘制装饰画。瓦萨里曾经在书中写道："波提切利创作的《三博士来朝》使他名声大振。他不仅在佛罗伦萨出了名，在其他城市及国外也小有名气。教皇西斯都四世特意在占地面积巨大的梵蒂冈宫中建造了一座新的礼拜堂，并计划好在这个礼拜堂的墙壁上绘制一些湿壁画作为装饰之用。这个礼拜堂建成之后，他特别委任波提切利来监管礼拜堂装饰画的绘制工作。"梵蒂冈宫位于圣彼得广场对面，自公元14世纪以来，一直是历代教皇的定居之所。梵蒂冈宫是世界天主教的中心，宫里建有礼拜堂、教皇厅以及宫室等各种豪华建筑物。

那位名不见经传的作家葛迪安诺曾经提到过另外一幅画作，名字也叫《三博士来朝》，这幅画是波提切利在罗马期间创作的。葛迪安诺认为这幅《三博士来朝》才是波提切利所有画作中最精美的。毋庸置疑，这幅画肯定特别美。俄罗斯圣彼得堡（St.Petersburg）冬宫（the Hermitage）现已收藏了此画。这幅画画幅并不大，但无论是从颜色，还是从布局来看，堪称是一块玲珑剔透、美丽绝伦的翡翠。这幅画里的人物比藏于佛罗伦萨乌菲齐美术馆的那幅同名画作要少，但是，每个人都活力四射、饱含激情。波提切利以往创作的那些作品所具有的大胆的想象力和夸张的绘画风格，在这幅画中已踪迹全无，这也使得波提切利晚期创作的作品有些黯然失色。在这幅《三博士来朝》中，画的背景是一片美丽的山水风光。远处的高山连绵起伏，蔚蓝的大海隐约可见，圆形拱门和古典台柱支撑着复式屋顶，骏马引颈长嘶。这些骏马不禁使我们想起马山（Monte Cavallo）上优美的骏马图。罗马被人们称为永恒之城（The Eternal City），波提切利在此逗留期间，受环境的影响，他的绘画风格出现了以上变化。在这幅画里，生机盎然的小橡树长在伯利恒耶稣降生的马厩的右侧。我们在画中找到了枢机主教朱利亚诺·德拉·罗韦雷家的一个装饰品。文艺复兴时期"艺坛三杰"中最年轻的画家拉斐尔，后来在梵蒂冈教廷签署厅（The Camera della Segnatura）的天花板上绘制壁画时，也把这个装饰品画了上去。我们推测，这幅《三博士来朝》也可能是波提切利给枢机主教朱利亚诺画的，因为朱利亚诺酷爱艺术，这在当时尽人皆知。不过，另一种可能性也是同样存在的，当教皇西斯都四世第一次看到波提切利画的那幅人人称道的《三博士来朝》时，就被深深地吸引住了。他派遣朱利亚诺请来波提切利，任命他主管这个礼拜堂内部的绘画装饰工作。但是，到底哪一个推测是正确的，我们也无从考察。

我们确切地了解到，1481年10月27日，佛罗伦萨的建筑大师约翰·德·多勒齐（Giovannino dei Dolci）作为教皇的特派专员，曾与佛罗伦萨的四位著名画家签订了一份绘画合同。这四位著名画家分别是桑德罗·迪·马利安奴、科西莫·罗塞利（Cosimo Rosselli）、佛罗伦萨的多米尼克·托马索（Domenico Tommaso）（也就是吉兰达约）和拉斐尔的老师皮埃特罗·佩鲁吉诺。佩鲁吉诺当时居住在德拉·皮埃尔（Città della Pieve）。这四位名声显赫的艺术家在合同中保证，在来年的3月15日前，为教皇新建的这座礼拜堂绘制完成10幅壁画。合同中特意强调，壁画绘制完成之后立即付款。教皇的秘书雅格布·迪·沃泰拉（Jacopo di Volterra）是一位谨小慎微、值得信赖的作家。在雅格布·迪·沃泰拉所写的日记中，我们大概可以了解到有关这个礼拜堂装饰工作的进展情况。1482年，雅格布曾经在日记中这样记录：因为这座新落成的礼拜堂正在进行紧张的绘画装饰工作，所以，1482年3月11日那天，即四旬斋的第一个星期日，教皇在宫中举行了隆重的礼拜仪式。虽然绘画装饰工作尚未完成，但是目前已经绘制完成的画作，每一幅都恢宏大气、雄伟壮观。提到四旬斋还有一个小典故。四旬斋，也叫大斋节，封斋期一般是从"圣灰"星期三即大斋节的第一天算起一直持续到复活节，一共40天。基督徒视之为禁食和为复活节做准备而忏悔的季节。四旬斋源于《圣经·新约》里的一个神话故事，名为《基督的诱惑》。故事的梗概是这样的：魔鬼把耶稣困在旷野里，40天没有给他吃东西。耶稣虽然饥饿，却抵抗住了魔鬼的诱惑。后来，为了纪念耶稣在这40天里的荒野禁食，信徒们就把每年复活节前的40天时间作为自己斋戒及忏悔的日子，叫作大斋节或四旬斋。作家瓦萨里在书中告诉我们，1481年圣诞节那天，举行圣诞礼拜的隆重仪式并未安排在这座新建成的礼拜堂，因为"正如我以前一直提到的，那四位佛罗伦萨知名画家正在这个礼拜堂忙着绘制装饰画。他们创作的绘画题材全部选自被人们奉若神明的图案或图片"。

波提切利和那几位著名画家当时正忙于装饰的这个礼拜堂，是佛罗伦萨建筑大师约翰·德·陶齐奉教皇之命，在梵蒂冈教皇宫中新修建的一个建筑物，名叫西斯廷教堂（Cappella Sistina），又称西斯廷礼拜堂。西斯廷教堂是教皇西斯都四世当上教皇之后不久修建的，它是教皇个人的祈祷所，也就是教皇圣庙，教堂的名字"西斯廷"源于教皇的名字"西斯都"。这个礼拜堂是一个长方体建筑物，整个建筑风格朴实无华，外观庄严肃穆。为了室内墙上有足够的空间绘制装饰画，建筑专家特意把用于采光的12个圆形窗户安在了墙的上半部分。这个礼拜堂的建筑工程于1480年年底结束。新年伊始，画家们便投入紧张的绘画装饰工作之中。波提切利也亲自创作了三幅巨型壁画并为早期的几位教皇绘制了肖像画。这些巨型壁画描绘的全部都是历史事件。这几位教皇的肖像画被安置在窗与窗之间的壁龛里。时至今日，尽管这些肖像画已经被严重损坏，但是我们仍然能够在众多肖像画中准确地鉴别出哪几幅是波提切利的真迹。欧内斯特·施泰因曼（Ernest Steinmann）博士认为至少有7幅肖像画出自波提切利之手。第一幅画的是教皇西斯都二世（Pope Sixtus Ⅱ）。画中西斯都二世抬头仰望天空，一只手虔诚地放在胸前，好像在祈祷着什么。这幅画与后来波提切利在佛罗伦萨诸圣教堂里创作的那幅壁画《小书房中的圣奥古斯丁》极为相似。德高望重的斯特凡努斯·罗马努斯（Stephanus Romanus）以及年轻的禁欲主义者科尼利厄斯（Cornelius）的肖像画也是波提切利的手迹。

在绘制先祖们的肖像画时，为了让波提切利有较为精确的参照蓝本，教皇西斯都四世特意从历史题材的湿油画中精选出几幅。西斯都四世在当上罗马教皇之前，已经是一位声望极高的神学家了。现在，在这个礼拜堂的左墙上，我们可以看到六幅关于摩西（Moses）生平的系列壁画。摩西是公元前13世纪犹太人的先知，也是《圣经·旧约》前五本书的执笔者。他受到整个伊斯兰世界的敬仰和爱戴。摩西是耶稣基督的预表。在右边墙上，我们可以看到六幅以基督（Christ）一生为主题的系列壁画。这两组壁画设计得极其巧妙。在西斯廷礼拜堂的墙壁上，犹太教和基督教形成的主要历史事件以及旧约和新约创始人的生平事迹被简明扼要地描绘了出来。因为这个教堂主要祭奉圣母玛利亚，所以《圣母升天》这幅画需要画在祭坛的中心，占据祭坛的主要位置。在这幅画的左右两边应该分别画上《基督降生图》（*The Birth of Christ*）和《发现摩西》（*The Finding of Moses*）这两幅画。实际上，最初也是这样安排的，波提切利把这三幅湿壁画的绘制工作交给了佩鲁吉诺。事隔几十年之后，教皇保罗三世（Paul Ⅲ）下令把这三幅画抹掉。米开朗琪罗奉保罗三世之命，在这三幅画上面创作了他最有代表性的巨制壁画之一——《最后的审判》（Last Judgment）。

桑德罗创作的第一幅画占据了西斯廷礼拜堂右墙的整个墙面，恰好正对着教皇的宝座。这幅画名义上叫《基督的考验》（The Temptation of Christ），但是，欧内斯特·施泰因曼博士解释说，创作这幅画的真正目的是赞颂教皇西斯都四世。《基督的考验》这幅画画面的中心是一座宏伟壮观的文艺复兴风格的神庙。这座神庙和一幅老式版画《圣灵医院》（Hospital of San Spirito）中所描绘的建筑一模一样。圣灵医院是一座古老的建筑物。教皇对其进行了大规模的重建，最近刚刚完工。在这座新落成的庙宇前门两侧的墙壁上，有一组系列壁画。这组壁画描绘的是祭司给痊愈的麻风病患者主持洁净礼时必须履行的一整套繁复严格的礼仪。这组壁画的题材选自《旧约·利未记》（Leviticus）中《摩西律法》（The Law of Moses）洁净之例中的内容。《旧约·利未记》的写作目的就是颁布上帝的律法和原则，让以色列人像神的真正子民那样生活，并教导他们如何过洁净的生活，以便亲近这位圣洁的耶和华神。耶和华在西奈山让摩西把他的所有命令全部传达给以色列人，这些命令全部记录在《摩西律法》中。在《基督的考验》这幅画中，神庙的正前方有一个祭坛，香柏木在祭坛里熊熊燃烧。有一大群人站在祭坛的周围。只见那位痊愈的麻风病患者在朋友的帮助下走上台阶，他的妻子头顶一个木篮，急匆匆地从对面走来，木篮里有两只供祭祀用的鸽子。一位身材高大的祭司站在画的最前面，他接过年轻助手端来的金碗，把一枝香柏木浸到碗里。碗里的水已被一只鸽子的鲜血染红。按照洁净礼的要求，祭司应该向痊愈的麻风病患者身上洒7次鸽血。在《旧约全书》（The Old Testament）中，麻风病具有一种神秘的意义，它是不洁的象征，也是一种罪过。精心照顾麻风病患者是圣弗朗西斯（St.Francis）责令他的追随者们必须履行的义务和职责。弗朗西斯是方济各会（The Order）的创始人。方济各会的会士们恪行苦修，麻衣赤脚，到各地宣传"清贫福音"。弗朗西斯45岁辞世。1228年，他被追谥为圣徒。罗马教皇也是方济各会的成员。所以说，《基督的考验》这幅画的所有选材都能恰如其分地表达出这幅画作的中心思想。在这幅画的右侧也有一群人，在人群中，我们可以清楚地辨认出罗马教廷的几位著名人物，他们可能是圣斯皮里托教堂（Church of San Spirito）兄弟会（The Confraternity）的成员。罗马教皇和绝大多数枢机主教都是这个宗教组织的成员。在这群人当中，我们还认出了卡特琳娜·斯福尔扎（Caterina Sforza）的丈夫——臭名昭著的吉洛拉莫·里亚里奥。作为教堂的执政官，吉洛拉莫手里紧握一根令杖，神气十足。枢机主教朱利亚诺最引人注目，他脸部轮廓分明，乌黑的眼眸深沉如渊。一位漂亮的年轻女子头顶一捆木头，只见她一手举起扶住木头，另一只手垂下托着裙摆，从两个身穿红袍的人中间快步走过。这是桑德罗来罗马之前，在佛罗伦萨进行艺术创作时，最喜欢画的一个典型的人物形象。在这位优雅俊美的女子前面有一个小男孩。他左手抱着一大串葡萄，惊恐地看着缠绕在自己右腿上的一条蛇。这个小男孩的可爱姿态不禁使我们联想起国会山博物馆（The Capitol Museum）收藏的那幅名画——《与蛇在一起的小女孩》(Girl with a Serpent)。《基督的考验》这幅画的背景是枢机主教朱利亚诺·德拉·罗韦雷家的庭院里那些高大挺拔的橡树。这些树枝叶繁茂，像一把把撑开的大伞遮蔽着怪石嶙峋的高岗，画中的几个精彩情节都在这一背景下展开。整个画面构思严谨、选材得当。在画的左边，魔鬼撒旦身穿圣方济各会的衣服，一只手指向基督脚底下的那块大石头。魔影在撒旦的长袍下探头探脑地窥伺，蝙蝠的翅膀也从他的长袍底下露出来。撒旦要求基督发号施令，命令众信徒给他们做面包吃。在神庙的屋脊上站着两个人，其中一个是魔鬼撒旦的变身，他巴不得耶稣基督一下子从石头上掉下去。在画的右上角，耶稣站在高大的岩石上，一只手高高抬起，姿态威严，命令"诱惑"滚开。听到耶稣的指令，撒旦仓皇地扔掉手中的权杖和念珠，脱掉长袍，大头朝下，一个猛子扎进了万丈深渊。天使们把香甜的面包和美味的果酒摆到铺着一块漂亮的白色亚麻桌布的桌子上，服侍耶稣进餐。

波提切利在梵蒂冈礼拜堂创作的第二个作品是一组壁画，名为《摩西的考验》，至少包括摩西生活的七个场景。《摩西的考验》主要描写的是这位律法颁布者早年的经历。这几幅画构成了一组系列画作。即便是普普通通的素材，在波提切利的笔下也能变成异常美丽的图画。凭着准确的艺术感觉，波提切利从摩西的一生中捕捉到了最生动有趣的一段小插曲，即摩西与杰思罗（Jethro）的女儿们在井边相遇时的情景。杰思罗是摩西的岳父。除此之外，围绕这个主题，波提切利还把有关摩西的几件逸事趣闻也都创作成画。画中的摩西头发油黑发亮，一看就是外乡人。在浓荫蔽日的橡树下有一口井，摩西正从井里给干渴的绵羊打水喝。米甸的牧羊人仓皇而逃。这时，俊俏的牧羊女们羞答答地看着前来搭救她们的勇敢侠义的希伯来人。在《旧约》里，耶和华晓谕摩西说，你们要搅扰米甸人并击杀他们，因为他们用诡计谋害你们。希伯来人就是犹太人的祖先。杰思罗的女儿丝芙兰（Zipporah）个头高挑，肌肤光滑水嫩。她身材修长，气质优雅，温柔娴静，头戴香桃木编成的花环，手里拿着纺车的拉线棒和苹果枝，这是桑德罗创作的最为妩媚动人的人物肖像之一。整个画面结构简单，充满了田园生活的迷人气息。其他几个生活场景被巧妙地安排在画面背景里的小山旁，以便不去搅扰这幅画的主题。在这幅画的右侧，我们可以看到摩西逃生的场景。摩西杀死奴役犹太人的埃及监工后，愤怒的法老带人追杀他，机警的摩西飞步冲进无人的旷野。脱离危险之后，摩西把鞋脱下，跪在熊熊燃烧的灌木枝前，倾听天主耶和华的教诲。在画面主景的左侧，我们可以看到，摩西带着妻子和家人一起走出埃及。在这些人当中，摩西的兄弟亚伦（Aaron）是最引人注目的人物。他满脸的络腮胡子油黑发亮，头戴东方穆斯林常戴的包头巾。亚伦是犹太教的第一位祭司长。在这幅画里，还有一个长着金黄色头发的小男孩。他手里牵着一只白色小狗。一个小宝宝正仰着头，可怜巴巴地看着母亲，这是桑德罗最喜欢画的圣婴的形象。非常遗憾的是，在教皇的宝座上搭建天篷时，这幅画已被严重损坏。在这幅画的右侧，所有人物都是现在重新画上去的。

《对反叛者的惩罚》是桑德罗为西斯廷礼拜堂创作的第三幅，也是最后一幅壁画。"任何人都不能自封为祭司，除非像亚伦一样由上帝任命。"这句话以拉丁文的形式刻写在君士坦丁凯旋门（The Arch of Constantine）上。君士坦丁凯旋门，是为了纪念君士坦丁大帝击败马克森提皇帝，统一罗马帝国而建的。教皇西斯都四世把这句话引用到桑德罗创作的第三幅壁画里，并且写在了画的正上方，直接点明了这幅画的主题。教皇这么做，主要是为了告诫后人并震慑对教皇不忠、阴谋造反的人。刚刚平定克拉因大教主（The Archbishop of Krain）的叛乱，教皇仍心有余悸，深感不安。克拉因是匈牙利的一位大教主。1482年3月，他在巴塞尔正式对外宣布成立总理事会，并且公开谴责教皇西斯都四世是"魔鬼之子"。像波提切利在《对反叛者的惩罚》中所画的那样，克拉因和他的那些追随者很快受到了教会的审判，并遭到跟科拉一样的刑罚。在《对反叛者的惩罚》这幅壁画对面的墙壁上，佩鲁吉诺绘制了一幅有深刻寓意的壁画《给圣彼得送钥匙》(Delivery of the Keys to St.Peter)。让这两幅壁画遥相对应是教皇西斯都四世精心安排的。这样安排主要有两个意图，一是为了纪念这次神权的胜利，二是为了让人们记住，只有教皇的子嗣才是神权的继承者。壁画中的摩西给人一种威严、神圣的感觉。他站在祭坛前，举起手中的权杖，祈求上帝惩罚那些阴谋叛乱分子。这幅壁画的整个画面折射出一种众星拱月、四海归心的气势，摩西的举止、神态就像一位充满凝聚力的伟大领袖。桑德罗在西斯廷教堂绘制的另外两幅壁画，没有一幅含有如此深刻的寓意。在这幅壁画中，罪恶的叛乱分子被摩西强有力的一击彻底摧毁。一个被打倒在祭坛旁，另一个惨叫一声退了回去，第三个则万分恐惧，蜷缩在地。头戴三重冠的亚伦镇定地站在祭坛的后面，一只手不停地旋转着小香炉。祭坛上摆放着一排圣器，圣器里亵渎的火苗到处乱窜。亚伦的儿子以利亚撒（Eleazar）正忙着扑灭这些亵渎的火焰。在画的右边，一个叛乱分子有气无力地躺在地上。一群愤怒的男子手拿石块，拽着他向前走。在画的左边，摩西一只手高高举起，他的脚下就是万丈深渊。摩西的两个逆子大坍（Dathan）和亚比兰(Abiram)被卷入了万丈深渊。伊利达（Eldad）和米达（Medad）身穿白色长袍，盘旋在半空中。他们以耶和华神的名义预言着未来。在摩西带领以色列人长途跋涉前往迦南的途中，众人对食物不满，怨声载道。摩西正在向神呼救。耶和华神吩咐他，选出70位德高望重的长老作为助手，协助他工作。伊利达和米达就是其中的两位。在这幅画里，人物的服饰色彩丰富，画面景色优美，背景里的柱廊宏伟壮观。以上三个方面是这幅画最显著的特点。年轻的以利亚撒无论是外表，还是动作都充满了青春的活力。围观者形形色色，每个人都有其独特的体征。在壁画右侧的那群人中间，有一个人就是画家本人。从外往里数，第二个人就是波提切利，他把自己也画了进去。在这幅壁画里，波提切利五官端正，高颧骨，深眼窝，眼中流露出一种热切、渴望的神情。在佛罗伦萨乌菲齐美术馆，如果你仔细端详《三博士来朝》那幅画里的波提切利，就会发现，他的长相和表情跟这幅壁画里的波提切利一模一样。在这幅壁画里，波提切利的穿着有些变化。他头戴黑色小帽，身披黑色坎肩。在身穿鲜红色长袍的枢机主教和身着盛装的达官贵人面前，波提切利简朴的装束尤为引人注目。

在1481年和1482年，波提切利在西斯廷教堂绘制的这三幅壁画作品，是他一生创作的所有杰作中的一部分。古罗马的古典建筑风格对他的影响在这三幅湿壁画中清晰可见。从这三幅湿壁画中，我们可以明显地看出，波提切利在刻画人物形态以及动作方面的技巧，已远远超出以往的水平。除此之外，这三幅湿壁画也显示出波提切利非凡的艺术想象力和高超的创新能力。人们对波提切利创作的这三幅湿壁画叹为观止。波提切利技压群雄，不管在佛罗伦萨，还是在翁布里亚（Umbrian），没有一个画家能够超越他。波提切利是当时美术界最杰出的艺术大师。这三幅湿壁画使他在艺术界确立了至高无上的地位。但是，如果实事求是地讲，波提切利在西斯廷礼拜堂创作的这三幅湿壁画在某些细节方面尚存在不足之处。比如，与佩鲁吉诺的画相比，波提切利的画缺少安谧与恬静的特征。另外，佩鲁吉诺的画在空间上给人一种宽阔的感觉，波提切利的画却少有这个特点。与吉兰达约相比，波提切利的画缺少对称性和同一性，正是这种对称性和同一性给吉兰达约平淡无奇的绘画作品平添了几分雄壮、辉煌。但是，波提切利的创新能力让这些画家望尘莫及。他的这三幅湿壁画充满了丰富的想象力，人物造型非常优美，每一个细节都充满了诗意，人物的动作富有活力，人物强烈的感情被描绘得淋漓尽致。综上所述，波提切利的画作的确无与伦比。

瓦萨里在"波提切利的一生"中写道：极其精通艺术作品的教皇西斯都四世对波提切利的壁画十分满意，不但慷慨地犒赏了他，还做了如下结论：他认为波提切利是艺术界无人匹敌的大艺术家，论声望和名气，没有人能胜过他。瓦萨里在他的书中还提道："桑德罗在日常生活中花钱一贯大手大脚，所以，还没等他返回佛罗伦萨，在罗马就已经把钱全部花光了。因为没钱吃饭，桑德罗不得不马上回家。"我们承认，桑德罗确实不爱存钱。但是，我们认为，瓦萨里的这段描述可能有点夸大其词。这位传记作家除了说桑德罗平时挥金如土，还认为他平日非常懒散。除此之外，瓦萨里还一再强调，桑德罗晚年不再从事任何艺术创作，彻底放弃了绘画工作，结果穷困潦倒、一贫如洗。我们总觉得这些描述有些夸张。历史学家总是用公正的眼光看待一切。他们认为桑德罗和蔼可亲，他不但对自己的学生怀有深厚的感情，而且非常珍视那些酷爱艺术的学生。在佛罗伦萨，所有年轻画家都非常喜欢他。年轻的米开朗琪罗和巴托洛米奥·迪·乔瓦尼（Bartolommeo di Giovanni）早年曾经师从于桑德罗的老竞争对手吉兰达约，两个人凭借着深厚的艺术功底和出类拔萃的画技成为佛罗伦萨美术竞争俱乐部（the rival workshop）的学员。俗话说同行是冤家，但是他们与桑德罗的关系却十分亲密。巴托洛米奥还曾经给桑德罗当过多年的助手。在桑德罗的所有学生当中，已故恩师弗拉·菲利普·利彼的儿子小菲利普最为优秀。小菲利普曾经在布兰卡奇礼拜堂（The Brancacci Chapel）绘制过一幅湿壁画《圣彼得被钉上十字架》（*Crucifixion of St.Peter*），这是他早期创作的杰出的绘画作品之一。为了表达对老师的爱戴之情，小菲利普在这幅画中把桑德罗也画了进去。画里的桑德罗穿着一件长披风，站在众人的旁边。

　　瓦萨里在"波提切利的一生"中给我们讲了有关桑德罗的一些趣事。桑德罗是个非常幽默风趣的人，他经常跟学生或朋友开一些友善的玩笑。有一次，桑德罗的学生比亚焦·图斯（Giagio Tucci）临摹了他以前创作的一幅画。这是一幅圆形浮雕画，名叫《圣母、圣子与八位天使》（*Madonna and Child with Eight Angels*）。桑德罗为比亚焦临摹的这幅画找到了一个买家，后者答应出6枚金币买这幅画，并说好第二天回来交钱取画。当天晚上，桑德罗和他的另一个学生雅格布用纸做了八顶红色的小帽子。这几顶小帽子跟首席大法官戴的帽子一模一样。他们用蜡把帽子一个个粘在小天使的头上。第二天早晨，比亚焦带着画的买主刚刚走进画室，便被眼前的景象惊呆了。在他描摹的这幅画里，圣母被人挪了位置，端坐在佛罗伦萨市政广场的中间。买主并没有提出退画，也没有讨价还价，他二话没说，扭头就走。买主把比亚焦带到自己家里，付给他6枚金币。当比亚焦回到画室时，发现桑德罗和雅格布趁他不在时，又把小红帽摘掉了。他诧异地大声问道："亲爱的师父，我不是在做梦吧，我回来之前八个天使还戴着帽子，现在帽子怎么不翼而飞了？这到底是怎么回事？""我的小可怜，你的画就在你的身边，你应该比我们更清楚呀！"桑德罗一本正经地答道："你是不是收了画费之后，大脑就发蒙了？"这段带有讽刺意味的小笑话很快在桑德罗的学生中间传开了。后来，因为大家都知道了这件事，比亚焦在众人面前一提到此事就感到很不好意思。

还有一次，波提切利为了捉弄邻居故意搞了一个恶作剧。一天，波提切利特意来到负责他家那片牧区的牧师办公室，控告他的一个邻居有异教思想。波提切利对牧师说，他的这位邻居在邻里间散布伊壁鸠鲁学派（The Epicureans）灵魂和肉体共存亡的"异端邪说"。古希腊晚期哲学家伊壁鸠鲁从原子论出发探讨人的生死问题，他针对当时宗教宣扬的灵魂不灭的错误观点，提出了死亡的必然性，从而摆脱了宗教对个人内在生活的束缚，并由此提出关于现世生活最重要的新思想，即快乐主义。被告被传到教会法院，法官让他自己做辩护。面对波提切利，他大声地对法官说："我认为，站在我面前的这个人死后灵魂终究有一天会消失的，这应该是事实吧。那你为什么不说他也是异教徒呢？他没上过几年学，也没读过几本书，竟敢对意大利诗人但丁妄加菲薄？"这段趣闻的确值得一提，因为从这件事我们可以推断出，波提切利对神学里的一些问题颇感兴趣。波提切利对但丁的热爱在当时是出了名的。根据瓦萨里的记载，有很长一段时间，波提切利为了研究但丁的《神曲》，竟然把绘画工作搁置一边，耽误了很多绘画定件。

那位名不见经传的作家葛迪安诺记录过有关波提切利的最有意思的一个故事。梅萨尔·托马索·索代里尼（Messer Tommaso Soderini）是洛伦佐·德·美第奇的表兄，也是波提切利的好朋友。梅萨尔平时经常催波提切利早点儿结婚。有一天，他又在徒劳地劝波提切利抓紧时间早点解决终身大事。波提切利回应说："前两天晚上，我做了一个奇怪的梦，我正想找时间给你讲讲呢。现在就跟你说说吧。那天晚上，我梦见自己结婚了。对婚姻的恐惧使我一下子从梦中惊醒。这个梦让我感到十分痛苦。我唯恐睡着了再做这个梦，于是，我穿衣起床，跑到屋外。那天晚上，我绕着佛罗伦萨整整跑了一宿。别人看见我，还以为我疯了呢。"自从波提切利编了这个子虚乌有的梦来搪塞他之后，梅萨尔终于明白波提切利是铁了心不想结婚了。波提切利是一个信念坚定的独身主义者。他虽然独身一人,但是并不感到孤独,因为他非常合群,人缘很好。他把全部精力投入教育事业之中,是世界上最好的老师,也是最值得人们信赖的朋友。波提切利心地善良,才思敏捷,富有幽默感,对文学界的后起之秀充满了同情。他还非常喜欢小孩,经常和孩子们一起玩耍并送给他们各种各样的礼物。波提切利爱憎分明,有坚定的信仰,最憎恨言不由衷、虚情假意之人。对伟人,他由衷地热爱。伟人的失败,会让他痛心疾首。这就是伟大的艺术家桑德罗·波提切利的人格写照。波提切利是"豪华者"洛伦佐最宠爱的画家,也是宗教改革家萨伏那洛拉最忠实的拥护者。

诱惑与净化

直到 1483 年 8 月，西斯廷教堂的壁画装饰工作才彻底结束。波提切利并没有等到全部工作完成之后才走。早在 1482 年 10 月，波提切利把自己的那部分绘画工作做完之后，就返回了佛罗伦萨。1482 年 10 月 5 日，波提切利又接到一份绘画订单：佛罗伦萨的第一政要洛伦佐请他为市政厅绘制装饰壁画。吉兰达约、佩鲁吉诺以及他的那位聪颖勤奋的学生比亚焦·图斯和波提切利一起承担这次绘画任务。但是，这次绘画装饰工作是否圆满完成，我们不得而知。我们只是了解到，1487 年，桑德罗在马萨里议会观众厅（The Hall of the Audience of the Council of the Massari）里绘制了一幅圆形浮雕画。

在随后的几年里，波提切利主要为佛罗伦萨的第一权贵洛伦佐服务。洛伦佐不但邀请波提切利本人，还请了他的老竞争对手佩鲁吉诺、吉兰达约以及他的学生小菲利普，让他们合作绘制几组大型壁画来装饰他的罗·斯贝达利图别墅（The Villa of Lo Spedaletto）。这座别墅坐落在沃尔泰拉（Volterra）附近的高山上。罗·斯贝达利图别墅以前是西耶那的奥斯皮塔利瑞兄弟会（The Nursing Order of the Frati Ospitalier of Siena）的庇护所，后来成为洛伦佐最喜欢的一处住所。洛伦佐去世之前，在这里住了好几年。出于健康原因，每到秋天，洛伦佐都会定期来这里度假，住几个星期后再返回宫中。1492 年，在洛伦佐弥留之际，他把这座别墅作为遗产赠送给了他最疼爱的女儿玛达莱娜（Maddalena）。在写给女儿的信中，他的言语间充满了慈祥的父爱，并称玛达莱娜是"她母亲的掌上明珠"。玛达莱娜是教皇依诺森特八世（Pope Innocent Ⅷ）的侄子弗朗西斯科·赛博（Francesco Cybò）的妻子。这座别墅世代相传，一百年后，传到了美第奇的后代科西尼家族（The Corsini Family）的手里。大约在 1483 年或 1484 年，洛伦佐下令开始进行这几组大型系列壁画的绘制工作。有一份报告详细记录了这次壁画绘制工作的重要性。几年后，一位米兰的事务官特意把这份报告交给了米兰公爵卢多维科·斯福尔扎（Lodovico Sforza）。这位公爵曾经在洛伦佐的推荐下，邀请列奥纳多·达·芬奇到米兰为他作画。卢多维科命令外交使节为他草拟一份佛罗伦萨最著名的画家的花名册。外交使节遵照公爵之命，首先派人写出一份名单，然后对每一位画家的优点——进行了详细的介绍。花名册上提到的画家有波提切利、小菲利普、佩鲁吉诺和吉兰达约。这位外交使节还特意在花名册里写了如下注释："在西斯廷礼拜堂的绘画装饰工作圆满结束之后，除了小菲利普，上面所提及的每一位绘画大师，都得到了教皇西斯都四世颁发的最高资格画师的证书。随后，他们又受'豪华者'洛伦佐之邀，从事罗·斯贝达利图别墅的壁画装饰工作。"

我们从瓦萨里的著作中了解到，在罗·斯贝达利图别墅的几组大型系列壁画中，有一幅名为《伪造的火神》(Forge of Vulcan) 的壁画是吉兰达约的画作。画上有很多裸体人物，他们正用大锤焊接朱庇特（Jopiter）的雷电。朱庇特就是希腊神话中的主神宙斯。他以雷电为武器，维持着天地间的秩序。从这幅画中我们可以推断出，这几组大型系列壁画全部取材于古希腊神话。而且，包括洛伦佐所写的充满戏剧性的诗歌《玛尔斯和维纳斯的心肝宝贝们》，也曾被波提切利和他的同行选为装饰这座别墅的壁画题材。非常遗憾的是，虽然罗·斯贝达利图别墅现今依然存在，但是只剩下了残垣断壁。在庭院的长廊里，壁画的油彩仍依稀可见，但是这座别墅曾经发生了一场火灾，大厅被大火完全烧毁。这些天才艺术大师们创作的精品画作已无一幸存。

不过，桑德罗在卡瑞奇附近的基亚索·玛塞瑞历（Chiasso Macerelli）别墅创作的两组湿壁画幸存至今。绘制这两组湿壁画的主要目的是庆祝洛伦佐·托纳波尼（Lorenzo Tornabuoni）和美丽的乔万娜·德利·奥比奇（Giovanna degli Albizzi）喜结良缘。新郎是乔瓦尼·托纳波尼（Giovanni Tornabuoni）的儿子。乔瓦尼·托纳波尼是"豪华者"洛伦佐的舅舅，也是美第奇家族驻罗马教廷的大使。而乔瓦尼本人也非常喜欢"豪华者"洛伦佐以及佛罗伦萨那些有名望的人文主义者。1486年，波利齐亚诺特意赠送给洛伦佐·托纳波尼一首诗，名为《安巴拉》(Ambra)，以此来赞美这位博学多才的年轻人。洛伦佐·托纳波尼天资聪颖，不但精通希腊语，而且精通拉丁语。当这位才华横溢的年轻人把美丽的未婚妻带回家时，美第奇的家人及他们的朋友们都欣喜若狂。两位新人的婚礼订在1486年6月举行。新郎和新娘门当户对，两家都是佛罗伦萨名声显赫的大家族。为了这次婚礼，两家争相摆阔。婚宴现场处处珠光宝气，一派歌舞升平的景象。餐桌上，各色美味珍馐应有尽有。舞蹈演员表演了吉庆的火炬舞，骁勇的骑士进行了精彩的角力比赛。主人准备了各种各样喜庆欢闹的节目为前来参加婚礼的客人助兴。出使梵蒂冈的西班牙大使也参加了这次婚礼。吉兰达约是乔瓦尼·托纳波尼最喜欢的画师。在吉兰达约创作的好几幅画作里，都有这位长着金棕色鬈发、眉目清秀、妩媚动人的新娘。乔瓦尼的儿子洛伦佐·托纳波尼是"豪华者"洛伦佐手下出类拔萃的美学家。他刚刚给新婚妻子购置了一套别墅，急于请一位画师装饰一下新家。由于吉兰达约当时正忙于基亚索·玛塞瑞历别墅的绘画装饰工作，洛伦佐·托纳波尼只好带着父亲去请波提切利，让他为这座别墅绘制一组以神话为题材的寓意壁画，主要用于装饰二楼的大厅。我们还确切地了解到，乔瓦尼·托纳波尼的朋友波利齐亚诺也在二楼的大厅绘制了两幅壁画。后来，在粉刷墙壁的时候，有人在这两幅壁画上刷了一层白色涂料。因为这一举动，这两幅画整整三百年未见到一丝光明。1873年，有人在雷米别墅（The Villa Lemmi）的墙壁上发现了这两幅画。九年后，它们被运往卢浮宫博物馆。

在波提切利创作的这两幅壁画中，其中一幅画里就有新郎洛伦佐·托纳波尼。在画中，托纳波尼是一位仪表堂堂、温文尔雅的贵族青年，身穿一件深紫色长袍，棕黄色的长发上戴着一顶红色小帽。托纳波尼的对面是自由七艺七位女神，准备迎接缪斯女神的这位朋友。波提切利平时也用"缪斯女神的朋友"来称呼洛伦佐·托纳波尼。七位女神彬彬有礼地跟洛伦佐·托纳波尼打招呼。辩证法女神（Dialectic）是七位女神里最年轻的一位，她拉着托纳波尼的手来到哲学女王的身旁，将他引见给哲学女王。哲学女王身穿一件白色绢纱长袍，长袍上绣有金色的火焰。她居高临下，端坐在宝座上，正在等待这位朝气蓬勃的年轻人的到来。在哲学女王的旁边坐着六位风姿绰绰、雍容娴雅的女子，她们是各具特色的六位女神。其中三位女神坐在哲学女王的右侧：算数女神（Arithmetic）手里拿着算盘；语法女神（Grammar）手拿蝎子；修辞女神（Rhetoric）的双膝上有一卷展开的白纸。另外三位女神坐在哲学女王的左侧：几何女神（Geometry）肩上有一个正方形的几何体；天文女神（Astronomy）手拿地球仪；音乐女神

（Music）一只手拿着一把小型风琴，另一只手拿着铃鼓。一个满头鬈发的小男孩儿站在洛伦佐·托纳波尼的脚旁，身上有代表托纳波尼家族的徽章。

波提切利创作的另一幅湿壁画名叫《维纳斯和美惠三女神向少女馈赠》（Venus and the Three Graces Offering Giftsto a Young Lady）。在这幅壁画中，美惠三女神美得暗香流韵，神情温柔，分别身穿粉紫色、白色和绿色的飘逸长袍。她们把象征纯洁、美丽和爱情的三朵娇艳的鲜花送给漂亮可爱的乔万娜。乔万娜恭候在门廊下。她身穿一件红色晚礼服，晚礼服上罩有一层透明的绢纱。乔万娜双手捧着一条洁白的手帕，正在等待接受三位女神的礼物。乔万娜面容端庄、秀发飘逸，与吉兰达约创作的湿壁画以及尼科洛·佛伦迪罗（Niccolo Fiorentino）雕刻的勋章里的乔万娜一模一样，就连脖子上戴的项链也都如出一辙。波提切利把吉兰达约和尼科洛所塑造的人物的精华部分汲取过来为己所用，并在此基础上求新立异。乔万娜所穿的长袍虽然简单大方，却散发着一种迷人的魅力；乔万娜甜美的面容里流露出一丝严肃的神情。这种笔法在吉兰达约和尼科洛的作品里是看不到的。调皮的小天使手里拿着代表奥比奇家族的徽章，在乔瓦尼·托纳波尼的脚旁玩耍。波提切利只画了小天使的半个身子。奥比奇家族从14世纪晚期开始管理佛罗伦萨，他们的主要对手就是美第奇家族。非常遗憾的是，这幅壁画大部分已被毁坏。在这座漂亮的托斯卡纳风格的别墅里，波提切利的画作虽然只剩下了一些残片,但是他的画作所具有的那种优雅清新的魅力是永远也磨灭不掉的。

不幸的是,朱利亚诺和西蒙内塔两个人的悲剧同样降临到洛伦佐·托纳波尼与乔万娜这对新人身上。在乔万娜的别墅里,大厅里的壁画将他们结婚时喜庆热闹的场面永久地记录了下来。洛伦佐·托纳波尼与乔万娜结婚仅仅两年之后,乔万娜就不幸因难产而亡。1497年夏天,年仅32岁的托纳波尼因为密谋颠覆刚刚复兴的佛罗伦萨共和国,复辟皮耶罗·德·美第奇王朝而被判处死刑,与他同时受刑的还有其他四位领导人。这在当时是一次重大的政治事件。没过几年,佛罗伦萨共和国的"抱怨党"(The Piagnone)就为此付出了高昂的代价。抱怨党是拥护萨伏那洛拉的信徒们组成的一个新的宗教派别,绰号叫"哭泣者"(Weeper)。这次流血事件发生之后,社会各方都为托纳波尼的英年早逝感到痛惜。萨伏那洛拉曾经建议抱怨党不要杀托纳波尼,但愤怒的抱怨党没有采纳他的意见。一位信念坚定的抱怨党成员卢卡·兰杜奇(Luca Landucci)坦白地说,虽然托纳波尼是佛罗伦萨共和国的敌人,但是,当躺在棺椁中的托纳波尼路过他家门口时,他也会掉下伤心的眼泪。这是一场突如其来的重大政治风波。在这段动荡不安的岁月里,佛罗伦萨民众一直忧心忡忡。事实再一次证明,"豪华者"洛伦佐所写的那句诗"明天是个未知数,谁都不知道明天会怎样"真的是太正确了。这句诗文精辟、准确地道明世事难料,生命无常。

皮埃尔·佛朗西斯科·比尼（Pier Francesco Bini）和卢克蕾西娅（Lucrezia）的婚礼是美第奇家族的又一件大喜事，美第奇家族的朋友们对此也饶有兴趣，每每茶余饭后他们都要绘声绘色地将其谈论一番。卢克蕾西娅是佛朗西斯科·普奇（Francesco Pucci）的女儿。佛朗西斯科·普奇一直是"豪华者"洛伦佐强大的后盾。洛伦佐·托纳波尼结婚一年之后，即1487年，皮埃尔和卢克蕾西娅喜结连理。在此期间，波提切利应邀为卢克蕾西娅的一套陪嫁物品——四个卡索奈长箱绘制装饰画。卡索奈长箱是当时娘家陪送给女儿的嫁妆，它是一种装饰精美的木箱，用于储藏衣物、亚麻床单以及其他嫁妆。装饰画的题材取自薄伽丘（Boccaccio）的中篇小说《迪卡麦伦十日谈》。在这篇小说中，有一段精妙的文字，叙述的是关于老实人纳斯塔基奥·德利·奥内斯蒂（Nastagio degli Onesti）以及幽灵猎人的离奇诡怪的故事。其中一个情节，讲述的是幽灵猎人的猎犬在拉文纳（Ravenna）松林吞食幽灵猎人铁石心肠的情人的场面。波提切利按照上面描述的故事情节开始精心设计画面的人物和总体布局。经过深思熟虑之后，波提切利把拟定的草图交给美术界的后起之秀，让他们来完成这些装饰画的具体绘制工作。他则坚守在一旁，对他们进行耐心的指导。订件人对此并未计较，所有画作最后全部通过了验收。在这些画中，如果仔细观察某个人的脸或某一部位，你可以很容易地辨别出波提切利的手迹。例如，在其中的一幅画里，纳斯塔基奥的新娘婀娜多姿，勾画她轮廓的线条用笔优美流畅，显然是波提切利独有的绘画风格。在波提切利的笔下，这位俊俏的新娘即便在受惊吓时，样子也照样妩媚动人。这幅画给人一种紧张的气氛。在森林里的一处开阔的地面上，显贵们围坐桌旁，正在欢快地进餐。一个被追杀的女子突然向他们飞奔而来，后面则是紧追不舍的地狱之犬。新娘被这突如其来的一幕吓得失魂落魄，她惊恐地从桌旁跳起。艺术史家贝伦森最近研究发现，这幅描绘松林盛宴的浪漫画作，实际上是吉兰达约以前的学生巴托洛米奥·迪·乔瓦尼绘制的。巴托洛米奥早已是佛罗伦萨美术竞争俱乐部的一名成员了。在雅格布·德尔·萨德勒的指导下，巴托洛米奥可能还绘制了这组系列画中的其他几幅画。

在15世纪晚期的几十年里，佛罗伦萨涌现出一大批彼此雷同的画作。这些画作分别取材于古罗马诗人奥维德（Ovid）构思创作的神话故事、中世纪浪漫的传奇故事以及古希腊神话传说或《圣经》故事。其中绝大多数是桑德罗徒弟们的画作。在法国尚迪利市（Chantilly），收藏家奥马勒公爵藏有一幅名画——《繁荣的寓言》(*Allegory of Abundance*)。显而易见，这幅画应该是桑德罗的某个助手的画作，因为在这幅画里，一个真人大小的女子，在形态上跟桑德罗以前创作的一幅画里的一名女子一模一样。她一手领着孩子，一手拿着羊角，羊角里盛满了瓜果和谷物。桑德罗创作的这幅画过去一直是马尔科姆（Malcolm）的收藏品，现藏于英国博物馆。下面这几幅画，同样也是画家们以桑德罗的画作为蓝本描摹而成的。雅格布·德尔·萨德勒以波利齐亚诺所写的诗歌《奥菲欧》（*Orfeo*）为题材绘制了《俄耳甫斯和欧律狄刻的故事》（*Story of Orpheus and Eurydice*），巴托洛米奥·迪·乔瓦尼绘制了《杰生在科尔奇斯》（*Jason at Colchis*）、《半人马之战》以及《卢克雷齐亚的故事》（*the Death of Lucretia*），这几幅画现藏于皮蒂宫。《以斯帖的故事》（*Story of Esther*）是波提切利另外一个学生的画作，贝伦森给这个学生起了一个绰号，叫阿米科·迪·桑德罗（Amico di Sandro）。法国尚迪利市的一位收藏家现在收藏着此画。这些画的绝大部分用于装饰卡索奈长箱和其他家具。洛伦佐时代的人文主义者与画家之间的密切关系在这些画作中体现得淋漓尽致。这些画就像一张张记录史实的老照片，为我们再现了佛罗伦萨人民当时的生活情况。同时，这些画也有力地证实了桑德罗与当时的知识分子心心相印。它们还从一个侧面反映出，当时佛罗伦萨的市民非常喜欢桑德罗这些富有浪漫主义和理想主义的绘画作品。

但是随后不久，波提切利的思想发生了一次巨大的转变。1489年，弗拉·吉洛拉莫·萨伏那洛拉开始在圣马可多明我会修道院（The Dominican Church of San Marco）讲道。这家修道院与美第奇家族的关系一直很好。两年后，萨伏那洛拉临时离开了佛罗伦萨。他刚刚离开，当时最著名的学者和思想家皮科·德拉·米朗多拉就急切地请求洛伦佐派人把他赶紧请回来。在皮科·德拉·米朗多拉的一再请求下，洛伦佐派人请回萨伏那洛拉。萨伏那洛拉回到佛罗伦萨后，开始重操旧业，在教堂讲道。他的演说词非常精彩，极具吸引力。萨伏那洛拉的布道很快便给佛罗伦萨带来了一次翻天覆地的大变革。这位传道士的布道演讲慷慨激昂，有一种强烈的说服力和感召力。美第奇皇家文化圈里的学者和画家无一不被他的雄辩口才折服。马尔西利奥·费奇诺和波利齐亚诺、诗人吉洛拉莫和贝尼维尼（Benivieni）以及年轻的画家米开朗琪罗都非常喜欢听他的布道演说。洛伦佐最好的朋友——皮科·德拉·米朗多拉也是弗拉·吉洛拉莫·萨伏那洛拉最忠实的信徒。皮科·德拉·米朗多拉临终前，洛伦佐亲自请来萨伏那洛拉为他做最后的祷告。在萨伏那洛拉的祷告声中，皮科心满意足地躺在了他的怀里，永远地闭上了双眼。萨伏那洛拉在布道演说中激情澎湃，口若悬河。他旁征博引柏拉图的名言警句，抨击教皇和教会的腐败，反对富人骄奢淫逸，主张重整社会道德。他的言行颇得佛罗伦萨人民的拥护。萨伏那洛拉与画家们促膝谈心时，总会毫不留情地谴责他们的错误行为，批评他们的堕落思想，因为他认为画家创作裸体画是亵渎神灵的行为。这些学者和艺术家对他的批评和指责心悦诚服，无意反驳。这位修士坚定的信念以及广受欢迎的训诫，不知不觉地改变着美第奇皇家文化圈里柏拉图主义者的思想。与此同时，萨伏那洛拉在布道演说时讲的那些寓言，以暗示的方式向人们传达着异常真实的天启，彻底唤醒了潜藏在桑德罗灵魂深处的某种神秘物质。这位修士为人诚恳，极富同情心，他的优秀品格不能不触动桑德罗的心，引起这位画家的共鸣。

瓦萨里用鄙夷的口吻写道："波提切利变成了萨伏那洛拉教派盲目而坚定的拥护者。更可悲的是，他在萨伏那洛拉的影响下，开始放弃绘画。他的所有生意很快变得一团糟，收入已无法维持生计。波提切利对萨伏那洛拉的忠诚到了顽固不化的地步，他真的变成了一个抱怨党成员，一个名副其实的'哭泣者'。最终波提切利彻底放弃了自己的艺术事业，这使得他的晚年穷困潦倒，饥寒交迫，差点儿没被饿死。多亏洛伦佐·德·美第奇的慷慨救助，以及他的一些朋友和仰慕他超凡才华的富人们的施舍和救济，他才勉强活了下来。"

在瓦萨里所写的"波提切利的一生"中，虽然大部分内容是真实的，但有的地方有些言过其实。根据史料记载，波提切利晚年并没有放弃艺术事业，也没有破落到食不果腹、衣不蔽体的地步。由于他的思想发生了巨大的转变，他的绘画题材和绘画风格也随之发生了很大的变化。他不再画古希腊神话故事和裸体女神，而是把全部精力投入宗教题材和灵修画的创作之中。这个时期，在波提切利创作的许多非常著名的画作中，我们可以明显地看到萨伏那洛拉的训诫对波提切利的影响，最显著的就是有关圣母子的那些圆形浮雕画。在这些浮雕画里，可爱的小天使围绕在圣母子的周围，圣婴耶稣和他的追随者们在不同的画作中姿态各异，神态迥然。但圣母的神情中总是带有一丝忧愁，看上去，她的心情总是那么沉重。在冥冥之中，她已预感了即将到来的失子之痛。那种巨大的哀伤已隐隐地表露在她年轻的脸上。当可爱的圣婴凝视妈妈的时候，他似乎也有一种不祥的预感，脸上亦有一种悲哀的神情。一定是萨伏那洛拉激烈狂热的布道演说词激发了波提切利的这种创作灵感，因为这位修道士在布道时，经常会讲述有关圣母悲苦忧伤的故事。

因为桑德罗创作的大部分画作上并没有标注绘画日期，历史文献也没有这方面的记载，所以我们现在很难确定桑德罗创作的这些著名的圣母像的先后顺序，同时我们也很难分辨出哪些画是桑德罗15世纪80年代的作品，哪些是90年代的作品。对于以上存在的问题，最有威望的评论家们也无法达成共识。到目前为止，这些问题依然需要我们做进一步的考察和研究。在波提切利创作的所有祭坛画中，只有一幅我们可以准确无误地断定它的绘制日期，这幅画就是《宝座上的童贞玛利亚与圣子，圣人施洗者约翰和福音书作者约翰》，现藏于德国柏林国家博物馆。这幅庄严的画作绘制于1485年。当时，由伟大的建筑家布鲁内莱斯基（Brunellesco）设计重建的圣斯皮利托教堂刚刚竣工。他们邀请波提切利绘制的这幅祭坛画主要用于装饰巴齐礼拜堂（The Chapel of the Bardi）。最近，锡格纳·苏皮诺（Signa Supino）在奎恰迪尼档案馆（The Guicciardini Archives）发现了一本账簿。这本账簿清楚地记录了修建圣斯皮利托教堂的建筑费用以及装饰巴齐礼拜堂的具体花销。账簿里的记录如下：日期是 1485 年 2 月 7 日。付款人是乔瓦尼·德·巴齐（Giovanni dei Bardi）。收款人是建筑设计师布鲁内莱斯科、木雕大师朱利安·迪·圣·加仑（Giuliano di San Gallo），以及绘画大师桑德罗·迪·波提切利。账簿里面还详尽地记录了购买波提切利绘制祭坛画所需木料的具体费用。六个月后，这本账簿上又出现了另外一笔费用支出：1485 年 8 月 3 日，支付给波提切利 75 枚金币。其中 38 枚用于购买壁画所需的黄金和木头，另有 2 枚购买绘画颜料，剩下的 35 枚是付给波提切利的画费。

在波提切利创作的这幅祭坛画里，圣母的宝座被安放在华丽的雕花大理石基座上。宝座的上方是一个凉亭。凉亭由高大的棕榈树、香桃木树和枝叶繁茂的柏树交织而成。圣母坐在德高望重、胡须花白的福音书作者圣约翰与崇高的禁欲主义者施洗约翰的中间。圣母的脸庞与波提切利创作的精美绝伦的巨作《维纳斯的诞生》中的女神维纳斯极其相似。我们由此可以推断出，波提切利从罗马回来之后，很可能马上提笔创作了《维纳斯的诞生》。在《宝座上的童贞玛利亚与圣子，圣人施洗者约翰和福音书作者约翰》这幅画中，圣婴向着母亲伸出双臂，好像要投入母亲的怀抱。这是波提切利所画的少数几幅表现快乐的圣婴中的一幅。可以看出，这幅画背景里的每一样东西都是波提切利精心雕琢而成的。郁郁葱葱、形态各异的树叶；搪瓷花瓶里的百合花姿雅致，橄榄树枝繁叶茂；大理石护墙上的圆碗里插满了红、白玫瑰。自然的美景与艺术的精美雕琢天衣无缝地结合在一起，其装饰效果堪称巧夺天工。

  波提切利绘制完成这幅祭坛画大概一两年后，圣巴拿巴大教堂（The Church of St.Barnaba）也请波提切利画了一幅祭坛画。这两幅祭坛画有很多相似之处，但是，波提切利给圣巴拿巴大教堂绘制的是一幅大型祭坛画，名为《宝座上的圣母与圣子，圣人亚历山大城的凯瑟琳、奥古斯丁、巴拿巴、施洗者约翰、主教依纳爵与大天使米迦勒》。这幅祭坛画在当时曾经引起过极大反响，现藏于佛罗伦萨乌菲齐美术馆。在这幅大型祭坛画中，我们可以看到文艺复兴时期的一座金碧辉煌的建筑物，在建筑物的中心有一个大理石基柱，基柱上面就是圣母的宝座。圣母端庄地坐在宝座上。两个年轻的天使把深红色的天鹅绒帷幔拉向两旁，固定在墙壁上。另外两个天使凝视着耶稣受难文书，脸上流露出难过的表情。他们俩手里拿着钉子以及将来要给耶稣戴的荆棘王冠。圣婴站在母亲的膝盖上，举着小手为人们祝福。圣母和圣婴好像都在为即将到来的令人心痛的耶稣受难而难过。六位圣人站在宝座下方宽敞的大理石地面上。他们看上去很像生计维艰但已被神化了的人。在这幅画的右边，我们可以看到大天使米迦勒、主教圣依纳爵和施洗者约翰；站在圣母右边的三位圣人，依次是留着长长的黑胡子的圣巴拿巴、持笔书写的圣奥古斯丁以及身穿蓝色长袍的贞洁烈女圣凯瑟琳。圣凯瑟琳面容娇美,表情柔顺,手里拿着象征胜利的棕榈叶,虔诚地凝视着前方。这位圣女的外貌和体态跟《维纳斯与玛尔斯》中侧向而坐的女神维纳斯非常相像。在西斯廷教堂的一幅壁画中,有一位携带木柴的年轻女子也跟她极其相像。在乌菲齐美术馆,我们还曾看到过另外一幅祭坛画,和这幅画也有很多相似之处。在乌菲齐美术馆收藏的那幅祭坛画里,尽管人物较多,但各具特色,绝无雷同之处。除了复活的基督,还有另外三个描绘人物的精彩画面,分别是圣安布罗斯之死、圣奥古斯丁在海边看到圣婴的幻象,以及坐在战马上手提施洗者约翰头颅的莎乐美。

在波提切利创作的《宝座上的圣母与圣子,圣人亚历山大城的凯瑟琳、奥古斯丁、巴拿巴、施洗者约翰、主教依纳爵与大天使米迦勒》这幅祭坛画中,圣母面带愁容,正在默默地沉思。她的形象酷似波提切利创作的另一幅画《持石榴的圣母》(*Madonna of the Pomegranate*)里的圣母。这幅画最初应该是美第奇家族的祭坛画,后来成为大公爵们的收藏品,现藏于佛罗伦萨乌菲齐美术馆。在《持石榴的圣母》与《圣母颂》(*Madonna del Magnificat*)这两幅圆形画中,两位圣母酷似一人,不但人物容颜与画面色彩相似,就连圣母头上戴的透明丝巾也都基本一样。除此之外,其他人物也有近似之处。六个少年天使围着圣母俯身而立,有的手拿盛开的百合花,有的手捧打开的唱诗课本。

他们的头发自然卷曲，形状各异。虽然每一个人的姿态不尽相同，但看上去都十分可爱。如果仔细观察，我们会发现，在《持石榴的圣母》这幅画中，伤感的气氛更加浓重一些。天使的脸上多多少少都带有一丝哀伤的表情，与圣母子的神情交相呼应，让人陡生一种肃穆凝重之感。

后来，波提切利又创作了一幅圆形画《圣母和圣子与三位天使》，现藏于米兰安布罗画廊（Ambrosina Gallery）。在这幅圆形画中，一个俯身向前、半蹲着的小天使手扶圣婴，来到圣母面前。跪在地上的圣母弯下身来，一只手贴在胸前，另一只手去接可爱的圣婴。在精美的大理石矮墙之外，是风光旖旎的自然美景。近处是一片婆娑的小树林，远处是一片延绵起伏的山峦，一条大河依山而下，画面中描绘的青山绿水美不胜收。这幅画很像画有圣巴拿巴的那幅祭坛画。在米兰波尔迪·佩佐利美术馆（The Poldi Pezzoli）藏有波提切利创作的另一幅画《圣母和圣子》（Madonna and Child）。在这幅画中，圣母低垂双目，极其温柔地看着坐在膝盖上的天真无邪的圣婴。圣婴手里拿着钉子和荆棘王冠，扭过头来望着妈妈。圣母的右手放在打开的《圣经》上，正准备翻到下一页。画的背景是一处漂亮的园林景观。长方形的窗框，使我们自然而然地想起波提切利早期创作的那幅《圣母与圣子》（又称《书籍圣母》）以及他的一位助手绘制的那幅《圣母领报》（Annunciation）。《圣母领报》是波提切利的一位助手于1490年为萨斯泰罗（Cestello）修道院的僧侣们创作的一幅宗教题材的绘画作品。赫塞尔廷（Heseltine）先生收藏的一幅小型作品和这幅画可以说极其相似，只是画里多了一个人物圣约翰。在赫塞尔廷收藏的这幅画中，圣约翰正虔诚地跪在圣婴面前。他手拿一根木杖，头上罩着一圈金色的光环。这个人物很可能是波提切利的一个学生后来加上去的。

波提切利一生中画了很多圣母像，但是画得最完美、最负盛名的一幅是《圣母颂》。这幅画的整个画面设计得极其精美：颜色鲜亮透明，赏心悦目；人物感情深切、细腻，耐人寻味。这幅圆形圣母像在价值上远远超过波提切利其他任何一幅歌颂圣母的宗教画作。在这幅画的最外侧，左右两边各有一个少年天使。他们手托金色的王冠，高抬手臂，一直把金冠举过圣母的头顶。一个天使高举的手臂微微弯曲，手腕向外翻出与手臂成九十度角，五指向上轻轻翘起托住王冠。另一个天使因前面有三个同伴挡住了去路，不得不尽力翘起脚跟，紧紧趴伏在前面一个同伴的脊背上，吃力地向前伸展着手臂以便托住王冠。另有两个天使坐在圣母面前。其中一个天使一只手为圣母托着打开的《圣经》，另一只手拿着墨水瓶，正目不转睛地望着圣母。他的神情极其复杂，悲愁里不乏哀怜与同情。他似乎想要安慰一下这位美丽、神圣而又可怜的母亲，却欲言又止。另一个天使扭过头来呆呆地看着自己的同伴，也不知如何是好。还有一个天使站在他们身后，双手扶着他俩的臂膀，下颌贴在他们的头上，俯着身、歪着头凝视着那位欲言又止的伙伴，似乎在鼓励他快快开口说话。

在这幅画里，波提切利塑造人物的笔法和技巧达到了运用自如的程度。人体的弧线随弯就势，自然顺畅，和谐优美。圣母悲伤的神情里充满了慈母的温柔和怜爱。人间最伟大的母爱在这幅画作中被描绘得出神入化。在所有以宗教为题材的艺术作品中，波提切利创作的这幅慈母像迄今为止还无人能够超越。在《圣母颂》中，这位年轻的母亲已经预感到必将遭受失子之痛，我们也可以相当真切地感觉到那种难以名状的痛苦。耶稣命中注定要受到人间最残酷的刑罚，圣母在冥冥之中已经预感到了这一点。她真的不愿接受这个事实，但是，为了人类的幸福，她必须做出牺牲。在《圣母颂》中，当两个少年天使为圣母戴上金色的王冠，当圣婴扶着妈妈的手臂，下意识地指引妈妈写下他降生的喜讯、通告天下所有的妇人，当圣母已经意识到心爱的儿子即将为人类的幸福献出自己宝贵的生命时，这位伟大的母亲确实感到悲痛万分。

人们对波提切利创作的圣母像倍加欣赏，赞不绝口。毋庸置疑，由于波提切利的别出心裁，这几幅描绘圣母子与少年天使的圆形画作，不但迎合了当时社会各个阶层人们的强烈的心理需求，而且在客观上让波提切利创作的圣母像取得了意想不到的成功。毫无疑问，波提切利的事业再度辉煌，在一定程度上应归功于萨伏那洛拉，因为萨伏那洛拉慷慨陈词的布道给人们带来了一种崭新的宗教理念。在佛罗伦萨恢复共和国后短短的几年里，社会各个阶层掀起了一股新的宗教狂潮。每一个虔诚的"哭泣者"，每一位笃信萨伏那洛拉宗教思想并严格履行他所提倡的虔诚修行生活的信徒，终于在波提切利创作的圣母身上找到了自己感情的寄托与归宿。从圣母多愁善感的容颜中流露出来的慈母的柔情，正是他们梦寐以求的最完美的人类情感。在这个特定的历史阶段，这位绘画大师本人完全沉醉在人神灵交的梦幻之中。他时刻关注着时局的变化以及事态的发展，并以最新的历史事件为素材，创作出与时俱进的绝世佳品。与此同时，波提切利的学生和助手也没有错过这个大好时机，他们正在绘画工作室里忙着描摹老师的佳作。当时，波提切利作品的仿制品多得不计其数。赝品源源不断地从他的绘画工作室运出。瓦萨里言简意赅地记录了当时的这一情况："桑德罗远近闻名，所有艺术家都急切地想要得到他的画作。"波提切利创作的这些圣母像被一遍又一遍地临摹，竟出现了上百幅复制品。波提切利的弟子和助手抓住他创作的精品画作中的每一个闪光点，巧妙地把它们挪用到自己的作品中。例如，在波提切利的素描《炼狱》(*Purgatorio*)和《天堂》(*Paradiso*)中，人物微妙的情感、各色玫瑰和绽放的百合、点燃的蜡烛以及橄榄枝都被波提切利的弟子和助手们挪用到他们自己的绘画作品中。他们还常常到波提切利早年的画作中寻找素材。例如，波提切利的一个心灵手巧的助手，就曾仿照他的《圣母与圣子》绘制了一幅画，这幅画现藏于法国尚迪利美术馆。不过，波提切利的这位助手在画中做了一点变动。他用一枝玫瑰和一个花篮取代了波提切利原画中的玉米和葡萄。

十年前，雅格布·德尔·萨德勒、巴托洛米奥·迪·乔瓦尼以及比亚焦·图斯最喜欢临摹的是波提切利以古希腊神话故事为题材的画作。但是现在，他们也开始忙着临摹波提切利以宗教为题材创作的有关圣母与天使的画作了。楚楚动人的《利希滕施泰因圣母》（*Lichtenstein Madonna*）一看就是雅格布·德尔·萨德勒的画作，画里的六位天使手里拿着刚刚绽放的圣洁的百合花。德国柏林（Berlin）的一位名叫拉琴斯基（Raczynski）的收藏家收藏着比亚焦的一幅名为《圣母、圣子与八位天使》的画作。在这幅画中，八个天使头戴玫瑰花环，手里拿着明亮的蜡烛。吉兰达约的得意门生巴托洛米奥绘制了《老实人纳斯塔基奥的故事》这幅画。贝伦森告诉我们，巴托洛米奥倾注了一生的精力，为动画系列丛书《祝圣演出》（*Sacre Rappresentazioni*）绘制木版画。《祝圣演出》这本书于15世纪90年代在佛罗伦萨出版发行。在这本书里，有几个章节详细地描述了萨伏那洛拉的生平和布道的经历。瓦萨里断言，正是这本书里的这几个章节对桑德罗产生了负面影响。瓦萨里写道，自从桑德罗从罗马回到佛罗伦萨以后，他就开始不务正业，把大好时光全部浪费在绘制这些毫无成果的版画作品上。其中有一幅版画桑德罗画得最好，这幅画的题目是《弗拉·吉洛拉莫信仰的胜利》（*Triumph of the Faith of Fra Girolamo*）。随后，一位名叫偌菲利诺·德·嘉宝（Raffaellino del Garbo）的艺术家绘制了一幅木雕画《圣殇》（或称《哀悼基督》）（*Pietà*），现藏于慕尼黑美术馆（The Munich Gallery）。偌菲利诺·德·嘉宝曾经在波提切利和菲利皮诺的绘画工作室里工作过。偌菲利诺绘制的这幅画逼真地再现了萨伏那洛拉生前最悲怆、最精彩的几场布道演说。由此我们可以断定，这幅木雕画肯定是桑德罗亲手设计的。

很多权威人士认为，波提切利在这个时期创作过两幅大型画作。其中一幅名为《童贞玛利亚的加冕，与圣人福音书作者约翰、奥古斯丁、杰罗姆以及埃利吉乌斯》（*Coronation of the Virgin*），现藏于佛罗伦萨乌菲齐美术馆。这幅画是丝绸行业协会（The Guild of Silk-weavers）为萨伏那洛拉所在的修道院即圣马可教堂（Church of St.Marco）定制的。在这幅画中，祭坛的上半部分坐落在黄金搭建的底座上，这一点酷似画家弗拉·安吉利科（Fra Angelico）的绘画风格。不过，这幅画在某些方面的确很像弗拉·安吉利科的画。在波提切利创作的这幅画中，他首先按照传统的绘画形式塑造了两个人物。一个人物是头戴三重冠的德高望重的圣父，另一个人物是屈身的圣母。但是画中其他的绘画笔法是波提切利独创的。天使们手拉着手，围成一圈，盘旋在半空中。他们欣喜若狂，一边尽情地欢唱，一边在祥云里抛撒着鲜艳的玫瑰花。一个身穿蓝色长袍的六翼天使被一股强大的爱流冲上天空，来到圣母玛利亚的身旁，好像要和圣母分享自己成功的喜悦。在绿色的草地上，四位圣人凝视着眼前绚丽的美景，陷入了无限的遐想。西方早期《圣经》学家圣杰罗姆戴着枢机主教的帽子，著名的神学家和哲学家圣奥古斯丁以及圣埃利吉乌斯（St.Eligius）正在苦思冥想某个学术问题。福音传道者圣约翰一手指天，另一只手拿着福音书，抬头仰望天空，眼神中充满了慈爱与渴望。我们从这位年迈的圣人高高举起的手臂、慷慨激昂的情绪以及少年天使们飞旋的舞姿可以推断出，在创作时间上，《童贞玛利亚的加冕，与圣人福音书作者约翰、奥古斯丁、杰罗姆以及埃利吉乌斯》这幅画应该在波提切利受到萨伏那洛拉影响之后。萨伏那洛拉跟波提切利在一起的时间虽然十分短暂，但给波提切利各个方面带来的影响是极其深刻的，也给他的艺术创作带来了质的变化。波提切利早期绘画作品中那种祥和、恬静的构思理念已被狂热的激情所取代。《童贞玛利亚的加冕，与圣人福音书作者约翰、奥古斯丁、杰罗姆以及埃利吉乌斯》这幅画很可能创作于15世纪90年代初期。但是，尤利乌斯·迈耶尔（Julius Meyer）博士却认为，这幅祭坛画创作于1497年。锡格纳·苏皮诺推断说，当波提切利偶然路过佛罗伦萨圣十字广场的时候，看见一群身穿白袍的孩子手拉着手、围绕着牺牲浮华擎天柱（The Sacrifice of Vanities）翩翩起舞时才突发奇想，创作了舞姿翩翩的活泼天使。然而还有另外一种不同的观点：贝伦森认为这幅画创作于1480年年初。

波提切利创作的祭坛画《童贞玛利亚的加冕,与圣人福音书作者约翰、奥古斯丁、杰罗姆以及埃利吉乌斯》共有五个场景。其中一个场景名为《圣母领报》。在这个场景画里,圣母身穿蓝色长袍,忧郁地坐在闺房里。另外四个场景描绘的是我们刚才提到的四位圣人日常生活的场景。圣奥古斯丁正在他狭小的房间里奋笔疾书;被放逐到拔摩海岛(The Isle of Patmos)的圣约翰正在沉思默想;圣杰罗姆伤心地跪在耶稣受难像前;圣埃利吉乌斯给马钉马掌时错误切下了一条腿。在最后这个场景里,一个恶魔穿着绿色长袍,装扮成一位年轻漂亮的姑娘,手里牵着那匹马。恶魔头上的角从女子飘逸的长发间显露出来。

那位名不见经传的作家葛迪安诺曾经提到,波提切利在这个时期创作了另一个版本的《三博士来朝》。那种热情洋溢的姿态、激情万丈的场面在这个版本的《三博士来朝》里表现得更加突出。葛迪安诺写道,当时波提切利从市政厅楼梯顶端一直画到资料室门前。但非常遗憾的是,这幅画尚未完成就被搁置一边了。这幅画开始保存在韦奇奥宫(The Palazzo Vecchio),后来移至乌菲齐美术馆。韦奇奥宫过去曾是佛罗伦萨共和国的国政厅。在这幅画中,我们可以清晰地看出波提切利与众不同的绘画风格。不过,这幅画与达·芬奇那幅未完成的画作《三博士来朝》却有着许多相似之处。达·芬奇创作的这幅《三博士来朝》也收藏在乌菲齐美术馆。非常遗憾的是,桑德罗当时只是用蛋彩画的颜料勾勒出这幅《三博士来朝》的一个简图。一百多年后,一个技艺拙劣的画家用油画颜料把原画又粗糙地描绘了一遍。这幅画的整个画面以广阔的山地风光作背景，圣家族就住在悬崖峭壁之下的一个岩洞里。这个场景不禁让我们联想起《帕拉斯和半人马》那幅画的背景。在这幅《三博士来朝》的主景里，有八个人跪在地上。这八个人很有可能代表的是佛罗伦萨奥托市（the Otto）的首席法官，因为他们手里没有拿任何祭祀品，身上也没有佩戴王室级别的徽章。我们透过岩石的裂口可以看到，社会各个阶层的人像潮水一样冲出城门，争先恐后地来参加每年一次的朝圣活动。不管男女老少，每个人都兴奋不已。他们激情澎湃，狂热到了极点：有的人双手紧紧扣在一起，虔诚地祈愿；有的人尽力张开双臂，把手伸向坐在圣母膝盖上的圣婴，好像在祈求他的庇护。一位首领骑着高头大马，举起右手，命令手下的随从紧紧跟上。明亮的星光洒落在圣婴的身上。有个人实在睁不开眼睛，不得不用手遮住这耀眼的光芒。在拥挤不堪的人群中，我们可以找到很多著名的人物。吉洛拉莫·贝尼维尼站在这幅画的右边。这位诗人为了给圣马可修道院的孩子们编写优美动听的圣歌和颂歌，自愿放弃了狂欢节歌曲的创作工作。一个身材高大的人物站在吉洛拉莫的身后。此人须髯若神，长袍飘逸，只手托腮，沉默不语。这个人长得酷似桑德罗的老朋友列奥纳多·达·芬奇。在这幅画左边的人群中，我们一眼就看到了耶稣的养父圣约瑟夫。在圣约瑟夫的身后是一位多米尼加天主教修士。这位修士很可能暗指的是萨伏那洛拉。他恭恭敬敬地把手伸向刚刚出生的救世主耶稣。在萨伏那洛拉的身边有一位白发苍苍的老者。有些评论家认为他就是洛伦佐·德·美第奇。这位老者正在起誓,只有他才有权拥有至高无上的基督的恩宠。波提切利一生画了许多幅同名但版本不同的《三博士来朝》。虽然每个版本的《三博士来朝》都有其独到之处,但是,除了这个版本的《三博士来朝》与众不同之外,其他版本的《三博士来朝》彼此之间也都大同小异。显然,波提切利创作这个版本的《三博士来朝》,主要是为了纪念萨伏那洛拉复兴佛罗伦萨共和国的伟大胜利。佛罗伦萨人民在萨伏那洛拉的领导下,把"豪华者"洛伦佐的儿子皮耶罗·德·美第奇驱逐出境。法国军队撤走后,佛罗伦萨再次成为共和政体的国家。佛罗伦萨共和国在文艺复兴时期是整个欧洲国家的典范。基督被正式确定为佛罗伦萨的国王,佛罗伦萨成为神权统治的国家。1498年,在主显节那天,圣马可修道院的修士萨伏那洛拉正式接管佛罗伦萨的一切大权。人们纷纷向这位新政府的统治者敬献礼品。萨伏那洛拉站在祭坛前,大家排着长队依次亲吻他的手,以此表示对他的尊重和服从。我们认为正是这个加冕仪式激发了波提切利的创作热情。随后不久,波提切利便创作了这幅具有时代特色的《三博士来朝》。

  波提切利之所以中途搁置这幅《三博士来朝》,可能是为了赶制那幅版画《弗拉·吉洛拉莫信仰的胜利》。瓦萨里曾经写道,《弗拉·吉洛拉莫信仰的胜利》是一幅非常有纪念意义的版画,也是波提切利画得最好、最精美的版画作品。随后仅仅过了几个月,新复兴的佛罗伦萨共和国便退出了历史的舞台,要把佛罗伦萨变成上帝之城的萨伏那洛拉和他的几个同伴被同时烧死在火刑柱上。波提切利给市政厅画的那幅《三博士来朝》自然也就被搁置一边。一个世纪之后,一位技艺拙劣的艺术家又把这幅《三博士来朝》重新修复了一遍。1881年,波提切利的这幅未完成的画作《三博士来朝》被人发现之后,锡格纳·米拉内西(Signa Milanesi)和希思·威尔逊(Heath Wilson)马上开始着手此画的鉴定工作。他们在对这幅画进行了深入细致的分析和研究之后,得出了以上结论。乌尔曼(Ulmann)博士、锡格纳·文丘里(Signa Venturi)、M.蒙兹、锡格纳·苏皮诺以及其他一些著名评论家,一致赞同他们二人的意见。但是,霍恩先生持反对意见。他认为这幅画的创作时间应该早于1498年,至少应该是波提切利去罗马之前就已完成的画作。

最后的时光

波提切利一直是洛伦佐·德·美第奇十分宠爱的画家。1491年1月4日，他被洛伦佐指定为圣母百花大教堂正面墙装饰图案设计委员会的成员，负责装饰画的选定工作。1491年5月18日，波提切利和吉兰达约两人、微图画家格拉多（Gherardo）及蒙特·迪·乔瓦尼（Monte di Giovanni）一起入选，受命为圣母百花大教堂里的圣赞诺比（St.Zenobius）礼拜堂制作镶嵌画。但是，这项任务还未完成，便传来洛伦佐·德·美第奇与世长辞的噩耗。圣泽诺比乌斯礼拜堂的装饰工作不得不中途停止。1492年4月8日，洛伦佐病逝于卡瑞奇别墅。佛罗伦萨人民失去了他们心目中最伟大的领袖，佛罗伦萨的艺术家们也失去了一位最开明、最慷慨的保护人。

洛伦佐·德·美第奇没出息的儿子皮耶罗·德·美第奇接替父位，成为佛罗伦萨的僭主。波提切利好像跟皮耶罗从来没有过任何交往。皮耶罗很快就对父亲的这些亲密朋友感到厌恶，他可没有父亲那么慷慨、有耐心，他对艺术家的态度越来越粗暴无礼。波提切利一直与他的赞助人洛伦佐·迪·皮埃尔·佛朗西斯科关系很好。佛朗西斯科是"豪华者"洛伦佐的堂兄。他和弟弟乔瓦尼也是美第奇皇家文化圈的成员，这对于佛罗伦萨的艺术家们来说，真是不幸中的万幸。伟大的洛伦佐与世长辞之后，佛罗伦萨政局动荡，很快便改朝换代了。在此期间，美第奇家族被赶出佛罗伦萨，但是洛伦佐·迪·皮埃尔和他的弟弟得到特赦，没被赶走。大概就在这个时期，波提切利按照洛伦佐·迪·皮埃尔的要求，开始为意大利诗人但丁的长诗《神曲》绘制插图。这套系列插图显示了波提切利在素描方面的精深造诣。洛伦佐·迪·皮埃尔非常喜欢年轻的画家米开朗琪罗，他把米开朗琪罗介绍给罗马的一些朋友，推荐他去给他们画画。1496 年 7 月 14 日，米开朗琪罗在罗马给洛伦佐·迪·皮埃尔·佛朗西斯科写信时，也给波提切利写了一封信。信封上写有宗教派别"哭泣者"特有的标志性文字——"耶稣"。

我们从一份新的个人所得税纳税申报表里得知，两年后，即 1498 年，也就是萨伏那洛拉被处以死刑的那一年，桑德罗仍然住在新街的老家。他的父亲和他的大哥乔瓦尼已经去世，新街的这套老房子已经给了桑德罗的两个侄子：贝宁卡萨（Benincasa）和洛伦佐·菲力佩皮（Lorenzo Filipepi）。1493 年年底，桑德罗的三哥西蒙奈接到父亲马利安奴去世的消息后,马上从那不勒斯赶回了佛罗伦萨。回归故里之后,他再也没有去过那不勒斯。此后的大部分时间,他住在两个侄子家,有时也和桑德罗一起住在一套乡间别墅里。这套别墅位于圣塞普尔格罗(San Sepolcro)教区,紧挨着圣弗莱迪亚诺(San Frediano)教堂。桑德罗和他三哥西蒙奈好像是在1494年4月买的这套别墅。这套别墅包括一套房子、一个老葡萄园和几个牧场。他们购买这套别墅一共花了156枚金币。除了这些费用,他们每年还要额外向新圣母玛利亚医院缴纳免役税4索尔多铜币以及两只阉鸡。

西蒙奈·菲力佩皮是一个很有教养的人。他和弟弟桑德罗一样,也很喜欢意大利诗人但丁。有一次,他读完但丁的一首诗歌之后,还特意写了一篇深有感触的评论。西蒙奈也是萨伏那洛拉的忠实的信徒,一位虔诚的"哭泣者"。在《佛罗伦萨大事记》(The Chronicle)里,西蒙奈详细地记载了萨伏那洛拉执政期间发生的每一件事情。这些史实充分证明,西蒙奈曾经和萨伏那洛拉本人有过密切交往,和复兴的佛罗伦萨共和国的政府官员也有过密切接触。《佛罗伦萨大事记》如实地记载了佛罗伦萨那次昙花一现的伟大复兴。1492年4月的一个晚上,萨伏那洛拉修士预言了佛罗伦萨即将遭遇的大灾难。他在布道时说:"看着吧,上帝之剑即将翻山越岭而来,意大利的所有城邦都将束手就擒。"桑德罗一定把这位修士的预言告诉了三哥西蒙奈,因为恰巧就在那天晚上,圣母百花大教堂的圆顶遭到雷击,西蒙奈特意把这件事作为第一个预言应验的证据记在日记里。从萨伏那洛拉做完预言之日起，刚刚过去三天，"豪华者"洛伦佐就在卡瑞奇别墅与世长辞了。萨伏那洛拉以其强有力的证据、雄辩的演讲魅力征服了佛罗伦萨的老百姓，激发了人们狂热的宗教热情。人们斗志昂扬，激情万丈。每一天都有数百万人成群结队地涌向圣母百花大教堂。为了能够看一眼这位宗教英雄的尊容，他们宁愿在教堂门口耐心地等待几个小时。西蒙奈一提到这段历史，就眉飞色舞、欣喜若狂。就连萨伏那洛拉本人也没想到，他的布道会能取得这么神奇的效果。从西蒙奈形容萨伏那洛拉布道时的下面的这句话，我们就能看出，当时人们对他的崇拜到了何种程度。"每当萨伏那洛拉登上讲坛的时候，就是耶稣派到人间的使者圣保罗（St.Paul）。"圣保罗是耶稣的使徒，奉耶稣的旨意在人间说教，传播福音。西蒙奈经常回忆起和萨伏那洛拉共同度过的那段美好时光。一个夏日的晚上，他和天主教会的修士以及萨伏那洛拉的信徒聚在一起，在圣马可修道院宁静的花园里散步。他们一边轻松、惬意地缓缓前行，一边聆听萨伏那洛拉绘声绘色地讲解《圣经·新约》中的《福音书》（The Gospel）。萨伏那洛拉的讲解通俗易懂、优美动听，令他们心驰神往。"萨伏那洛拉讲了一两个小时之后，我们犹如置身天堂，分外虔诚地面对上帝，每一个人都得到了耶稣的赐福。"对于那段血雨腥风的日子里发生的每一次重大事件，桑德罗的哥哥西蒙奈都如实地做了记录。他给这些历史事件依次加上了标题：最后一次残酷而恐怖的斗争；午夜突袭圣马可修道院；欺骗性审讯；骇人听闻的酷刑及狱中惨不忍睹的遭遇；佛罗伦萨闹市区惨无人道的火刑。西蒙奈目睹了上面发生的所有事件，每一件事至今仍历历在目。萨伏那洛拉被害后，佛罗伦萨的老百姓不再对上帝感到恐惧，也不再崇敬圣物；亵渎上帝和神明的言行不再被认定为是犯罪行为，人们也不会因此受到任何惩罚。萨伏那洛拉死后，有人非常形象地描述了当时的社会现状："地狱之门自行打开，妖魔鬼怪都跑了出来。"人们开始对萨伏那洛拉和他的追随者们进行恶毒的污蔑和诽谤。没有人敢提萨伏那洛拉的名字，因为只要谈论和他有关的事情，就会引来杀身之祸。为了人身安全，西蒙奈逃往意大利北部的一个城市——博洛尼亚。但桑德罗并没有跟哥哥一起逃走。凭着桑德罗与美第奇家族及洛伦佐·迪·皮埃尔·佛朗西斯科多年的老朋友关系，没有人敢迫害他。但是萨伏那洛拉一针见血的激愤言辞震撼了他的心灵，让他看到了自己内心深处的罪恶。萨伏那洛拉曾经抨击当时的画家创作的艺术是"裸体男女的无耻展览"，这句话使得桑德罗的内心遭受着痛苦的煎熬。从此之后，波提切利的绘画风格变得更加严肃、庄重和悲壮。萨伏那洛拉的失败使波提切利感到苦闷和绝望。波提切利和忠诚于萨伏那洛拉的"哭泣者"们曾经对萨伏那洛拉的预言深信不疑，期望上帝建造的新耶路撒冷早日降临到人间，但是，现在一切都变成了泡影，他们感到无限忧郁和彷徨。

在内心痛苦万分之时，桑德罗创作了一幅带有深刻寓意的画作《阿佩莱斯的诽谤》，以此来表达自己的愤怒和抗议。他把这幅画送给了他最知心、最亲密的朋友——安东尼奥·塞尼（Antonio Segni）。与此同时，列奥纳多·达·芬奇也给安东尼奥画了一幅宏伟庄严的画作《海神尼普顿》(Neptune and the Sea gods)。桑德罗的《阿佩莱斯的诽谤》取材于古希腊著名的讽刺作家卢奇安的一部喜剧性讽刺作品《对话集》(Dialogues)。佛罗伦萨的艺术家们对这部作品极其熟悉。早在1435年，意大利的艺术理论家和建筑师阿尔贝蒂在他所写的《论绘画》一书中，曾经赞美过古希腊画家阿佩莱斯创作的一幅画作。波提切利凭借自己超凡的想象力对这幅画进行了复制。在桑德罗创作的《阿佩莱斯的诽谤》这幅画里，背景是一排庄严的柱形门廊，廊柱的壁面里镶嵌着古罗马的圣人塑像和英雄浮雕。在这里，画家采用明暗对照的笔法，用金黄色来烘托整个画面神圣而庄严的气氛。在这座富丽堂皇的大殿里，以古希腊神话与《圣经》故事为题材的浅浮雕壁画随处可见，它们就像精彩的舞台剧，一场接着一场。首先映入我们眼帘的是手攥蛇发女妖头颅的帕拉斯。在帕拉斯的一侧依次出现的是《朱迪斯和赫罗弗尼斯》、《圣乔治和恶龙》(St.George and the Dragon)、《阿波罗和女神达芙妮》(Apollo and Daphne)、《半人马之战》(The Battle of the Centaurs)、《维纳斯和阿莫里尼》(Venus and Amorini)及《图拉真和寡妇》(Trajan and the Widow)。在墙壁里镶嵌着许多著名人物的雕像，每个雕像都有半人多高，其中有几位先知以及基督的十二个使徒，还有圣乔治。文艺复兴早期意大利著名的雕塑家多纳泰罗曾经给欧·圣米凯莱（Or San Michele）教堂创作过一幅壁龛雕塑《勇士》（*Warrior*）。波提切利以浅浮雕的形式绘制的圣乔治立刻使我们想起多纳泰罗的《勇士》。圣乔治的形象也酷似安德烈亚·德尔·卡斯塔尼奥（Andrea del Castagno）创作的《皮波·斯帕诺》（*Pippo Spaqno*）。在这座庄严而神圣的文艺复兴时期的建筑大厅里，一群小人出现在主景里，他们假借"正义"（Justice）的名义，犯下了滔天大罪。那个不仁不义的法官身穿绿色长袍，头戴王冠，手持权杖，坐在宝座上。在他的左右两边，站着"无知"（Ignorance）和"猜疑"（Suspicion），她们正在法官的耳旁窃窃私语，言语里不乏谗言佞语和恶意诽谤之词。脸色苍白的"妒忌"（Envy）邋里邋遢，穿着一件破旧的紧身衣。他的手骨瘦如柴，像一根木棍一样直指法官的脸，急切地想让法官知道，他也有话要说。衣着华丽的"诽谤"（Calumny）紧随其后。她一只手举着点燃的火炬，另一只手拽着"无辜"（Innocence）的头发。"无辜"无能为力地坐在地板上，任凭"诽谤"拖着他向前走。"诽谤"的两个心腹使女，"欺骗"（Fraud）和"背叛"（Treachery）紧紧尾随在她的身后，忙着为她梳理头发。她们把主人的头发编织成美丽的玫瑰花瓣。"无辜"双手合十，虔诚地祈求神的救助。"悔恨"（Remorse）是一个衣衫褴褛的老巫婆，身披一件黑色罩衫，站在"无辜"的脚旁。她双手拄着拐杖，头扭向身后，窥视着那位美丽清纯的少女"真理"（Truth）。"真理"一丝未挂，她以裸体来显示自己的纯洁美好。"真理"金发飘逸，长得跟美神维纳斯一样优美典雅。她高高抬起右臂，手虔诚地指向苍天，深信上帝一定能够听到她无言的申诉。从凉廊向外望去，展现在我们眼前的是一大片废水塘，变绿发黄的浑水一望无际，一直消失在地平线上。这种景象给人一种肮脏、腥臭、恶心的感觉。波提切利精心设计的这个画面暗示着世界上根本就没有真理和正义。《阿佩莱斯的诽谤》强烈地表达了波提切利对萨伏那洛拉悲惨结局的无声抗议。在这幅画中，波提切利将其早期作品中所特有的那种古典的华美与后期的痛苦经历巧妙地融合一起。波提切利至今还清晰地记得萨伏那洛拉在结束布道演说时所吟诵的那首激动人心的诗篇。这是《圣经·旧约》中的一首赞美诗，萨伏那洛拉热情洋溢地朗诵着："酒是强大的，国王是强大的，与之相比，女人更强大，但是，真理是最强大的，它将战无不胜。"就是这首赞美诗点燃了波提切利灵感的火花，从而塑造了"真理"这个人物形象。显而易见，以激烈狂热的言辞赢得了大批忠实信徒的萨伏那洛拉对波提切利的影响是何等深刻，他已完全改变了波提切利的人生观和世界观。

即使在黑色恐怖时期，桑德罗对萨伏那洛拉的崇拜依然丝毫未变。西蒙奈在他所写的《佛罗伦萨大事记》中，字里行间更是流露出对萨伏那洛拉的无限崇敬之情。西蒙奈坚信，这位被佛罗伦萨厌弃并处以死刑的人，一定是上帝派遣到人间的先知，他还特别强调，弗拉·吉洛拉莫·萨伏那洛拉所说的每一个预言都一一得到应验。弗拉·吉洛拉莫·萨伏那洛拉的仇敌很快遭到了应得的报应，这使西蒙奈感到无限欣慰。1497 年，教皇亚历山大六世（Pope Alexander VI）开除了萨伏那洛拉的教籍。1498 年，他公开要求佛罗伦萨逮捕并处死萨伏那洛拉。1503 年，凶狠残暴的教皇亚历山大六世暴病身亡。1507 年，教皇亚历山大六世的儿子凯撒·波几亚（Caesar Borgia）突然病重而死。凯撒·波几亚与父亲狼狈为奸，他们在贪婪的邪念的驱使下谋杀了很多人。卢多维科·斯福尔扎战败被俘，抑郁而亡。那不勒斯国王阿方索（King Alfonso）也没得到好下场。在这里我们就不再一一罗列各种应验的事例了，总之，西蒙奈认为恶人终有恶报。西蒙奈详尽地记录了萨伏那洛拉在狱中受刑的凄惨经历。为了坚持自己的清白和圣洁，萨伏那洛拉在狱卒的严刑拷打之下毫不屈服。但是最后，凶残的逼供者惨绝人寰的酷刑，却让这位信仰坚定的男子汉不得不违心地画押。道夫·斯皮尼（Doffo Spini）是在狱中残害萨伏那洛拉的最凶残的刽子手。这个蛮横狂暴、心狠手辣的家伙就是突袭圣马可修道院的那伙匪徒的头子。在审讯萨伏那洛拉时，斯皮尼一直在场，各种阴损毒辣的招数都被他用尽了。

　　西蒙奈把萨伏那洛拉布道时的所有演说词全部做了记录。在阅读作家洛伦佐·维奥利（Lorenzo Violi）的作品《天》（Giornate）时，我们发现，作为这段历史见证人的西蒙奈屡次提及"失业艺术家学院"，并且还提到，这个学院里的艺术家们，当时经常聚集在桑德罗·波提切利的绘画工作室里，围绕萨伏那洛拉展开激烈的讨论。洛伦佐·维奥利在书中记录到，西蒙奈经常参加这些艺术家的讨论会，并把其中的一些讨论内容详尽地记录在他所写的《佛罗伦萨大事记》中。除此之外，西蒙奈还把1499年11月2日万灵节（The Feast of All Souls）那天所听到的一段精彩的对话记录了下来。下面是这段对话的具体内容。

"我的弟弟亚历桑德罗·迪·马利安奴是佛罗伦萨一位著名的画家。一天晚上，大概八点钟左右，他坐在家里的壁炉旁，兴奋地讲述了一件令我终身难忘的事情。那天，围绕萨伏那洛拉的死刑问题，他与刽子手道夫·斯皮尼进行了一场激烈的争辩。桑德罗说，白天他正在画室里工作，斯皮尼走了进来。桑德罗知道，斯皮尼当时就在萨伏那洛拉被确定处以死刑的现场，而且，他还是刑讯小组的主要负责人之一。桑德罗郑重地恳求斯皮尼，求他如实地告诉自己，萨伏那洛拉到底犯了什么罪，竟让他遭受如此惨无人道的刑罚。看到桑德罗如此执着，斯皮尼不得不说出那次案审的真相。他答道：'桑德罗，我必须得实话实说吗？好吧，那我就告诉你，他连一点小错误都没犯，更不要说什么不可饶恕的大罪了。'桑德罗马上追问道：'那你凭什么诬陷他，而且还要置他于死地？'斯皮尼无可奈何地说：'并不是我不让他活，而是贝诺佐·费代里（Benozzo Federighi）非要置他于死地。假如我们不把这位预言家和他的同伴定成死罪,而是把他们放回圣马可修道院,那么有人就会烧毁我们的房子,并把我们大卸八块。'"

1499年11月2日对于桑德罗来说是一个非常有意义的日子,因为道夫·斯皮尼终于承认萨伏那洛拉是清白无辜的,桑德罗崇拜的偶像终于被人平反昭雪了。那天晚上,他心潮澎湃,久久不能平静。这件事再一次燃起了他的创作激情。不久后,桑德罗就绘制完成了一幅宗教画作《神秘的耶稣降生》(亦称《神秘的诞生》)(Nativity)。在佛罗伦萨,萨伏那洛拉的一个忠实的信徒一直秘密地收藏着这幅画,并把此画作为传家之宝世世代代地流传下来。直到六十年前,扬·奥特利(Young Ottley)先生才把这幅画带到了英国。而后,这幅画成为符勒·梅特蓝德(Fuller Maitland)先生的收藏品。1878年,意大利国家美术馆收藏了此画。当时,有关萨伏那洛拉的所有东西都属违禁物品,像萨伏那洛拉纪念章以及肖像画,还有萨伏那洛拉遇难图,等等。但是,那些虔诚的"哭泣者"还是冒着生命危险偷偷地收藏着这些他们认为神圣的物品。就是在这个特殊的历史年代里,波提切利凭借着他超凡的想象力,把基督诞生这个众所周知的宗教神话故事,变成了一幅带有神秘色彩的萨伏那洛拉凯旋图。这幅画也在向世人声明,萨伏那洛拉的预言是绝对正确的,他就是上帝的使者。波提切利按照传统的绘画方法,把圣家族一家三口放在画面的中心位置。在松林的中心有一个岩洞,以岩洞为屋,用木头搭建起一间简陋的小房。屋里住着圣父、圣母和圣婴一家三口。在画的右边，一个背生双翅的少年天使手拿橄榄枝，把牧羊人带到伯利恒耶稣降生的马厩旁；在画的左边，来自东方的三王正虔诚地跪在地上，守卫上帝宝座的六翼天使手指圣婴，告诉他们这位就是他们不远万里、长途跋涉苦苦寻觅的人。三个美丽的天使分别穿着具有象征意义的红、白、绿三色长袍，手里拿着橄榄枝，在小木屋的房顶上欢快地唱着基督教及天主教崇拜的诗歌《荣归主颂》(*Gloria in Excelsis*)。在蔚蓝的天空中，十多个六翼天使手拉着手跳舞狂欢。他们前后摆动着手里的橄榄枝，上下舞动着金色的花冠，沉浸在胜利的喜悦之中。

很久以前，卡曼·西比尔女巫（Cuman Sibyl）在亚维努斯湖（Lake Avernus）的大堤上所作的预言现在终于应验了。天上沉浸于喜庆和欢乐，人间充满了祥和与太平。圣母终于不再忧虑和悲伤，圣婴抬起头来看着母亲，脸上也露出了欢快的笑容。在画的主景里，深感恐惧的恶魔抽身藏在岩缝里。三个快乐的天使张开双臂与弗拉·吉洛拉莫·萨伏那洛拉以及和他一起殉难的那两个同伴脸贴脸狂热地拥抱在一起，以此向三位刚刚到来的圣徒表示热情的欢迎。为了明确表明这三个人的身份，波提切利特意在画中做了如下安排：三位圣徒身着多明我会修士的长袍，头戴橄榄枝编成的王冠。在他们的旁边是惨遭罗马教皇杀害的见证人，因为他坚信，圣约翰《启示录》(*Revelation*)中的预言是完全正确的。波提切利还是怕出现差错，为了让人们一眼就能认出这三位圣徒是谁，他特意在画的顶端用希腊文字写了如下题词："我是桑德罗，于 1500 年创作完成了这幅画。现在是一个特殊的历史时期，意大利国难当头，动荡不安。现在也正是圣约翰在《马太福音》第十一章里预言天下大乱即将发生的具体时间过半的特殊时期。《启示录》里预言的世界即将爆发的第二次大灾难离我们也为期不远了。按照《马太福音》第十二章的预言，当灾难来临的时候，恶魔会在地球上横行三年半。随后，恶魔会被枷锁锁住，囚禁在大牢里。在这幅画中，我们可以看到，恶魔已被彻底打败了。"由此可见，桑德罗通过多种方式向人们表明，不管当时的社会有多么黑暗、多么恐怖，斗争有多么残酷，都不会动摇他对萨伏那洛拉的赤胆忠心。桑德罗依旧苦苦地盼望着萨伏那洛拉"善必定战胜恶"的预言能够早日应验。

在乌菲齐美术馆藏有一幅波提切利的钢笔素描——《圣家族》(The Holy Family)。在这幅画里，身材修长的圣母跪在地上，圣约瑟夫蹲坐在圣婴的身后。波提切利一生创作了很多著名画作，但现藏于乌菲齐美术馆、供人们研究的波提切利的画作并不多，只有几幅。在《神秘的耶稣降生》这幅画中，人物身体的比例有些失调，脸部好像也是仓促而就，这也充分证明了当时画家是冒着生命危险在偷偷作画，当时的事态根本不允许他去精描细琢。随着岁月的流逝，这幅画已有些残破，但是，画的色泽依然是那么瑰丽浓艳、光彩夺目。翩翩起舞的天使们迈着欢快的舞步，唱着欢乐的歌曲。在波提切利以往的画作里，我们经常可以看到这种愉悦的天使形象。总而言之，这位伟大的艺术家虽然已年逾花甲，但是，他奇特的想象力、独具匠心的创造力以及优秀的品格自始至终都没有改变。波提切利充满激情的想象力中一直带有一种轻松活泼的旋律。他对萨伏那洛拉的忠诚和热爱和对"豪华者"洛伦佐的感情相比不差秋毫。

波提切利创作完成《神秘的耶稣降生》这幅画作之后，只活了十年就离开了人间。在这十年当中，波提切利是否创作了其他画作，我们至今仍不太清楚。我们只是了解到，可能在15世纪末期，他还创作过几幅小型画作。莫雷利认为波提切利的画作《圣奥古斯丁》也是在此期间创作的。在这幅画里，奥古斯丁正在一个拱形的壁龛下著书。壁龛用金色的圆形浮雕来装饰，与《诽谤》那幅画里拱廊上的浅浮雕极其相似。这幅画现藏于乌菲齐美术馆。安东尼奥·比利和那位名不见经传的作家葛迪安诺，曾经提到过许多幅桑德罗创作的"非常精美的小型画作"。《圣奥古斯丁》就是其中之一。这些作家还间接提到过桑德罗的另外一幅绝美的小型画作《圣杰罗姆》。佛罗伦萨收藏家马切斯·法里诺拉（Marchese Farinola）一直珍藏着另一幅同名的小型画，这幅画描绘的是圣杰罗姆在他的那间简陋的小屋里恭领最后一次圣餐的情景。一些评论家认为，这两幅不同的画作中的圣杰罗姆长得几乎一模一样，如出自一人之手。

我们可以断定，在波提切利辞世前的几年里，他创作过两幅十分引人入胜的绘画作品。一幅是《弗吉尼娅的故事》(Story of Virginia)，现藏于贝加莫卡拉拉学院，另一幅是《卢克雷齐亚的故事》，伊莎贝拉·嘉纳艺术博物馆现在收藏着此画。显然，这两幅狭长的板面油画主要是用来装饰卡索奈长箱或其他家具的。韦斯普奇家族是波提切利的老主顾。波提切利曾经给这个贵族家庭绘制过一套系列画，《弗吉尼娅的故事》和《卢克雷齐亚的故事》很可能是其中两幅。瓦萨里在他所著的《艺术家列传》里是这样描述这两幅画的："画中的人物触手可及、几无丹青痕迹。"这两幅画作的背景特别引人注目。气势宏伟的古典建筑充满了迷人的魅力，震撼着人的心灵；许多悲剧故事的精彩场面在这里形象生动地展现在我们眼前。《弗吉尼娅的故事》这幅画至今保存完好，虽然已过了上百年，但这幅画仍然保留着原有的色泽，画面的颜色不但鲜艳亮丽而且十分协调。

在这一时期，波提切利还创作了三幅浪漫题材的系列组画《圣赞诺比的故事》(Life and Miracles of St.Zenobius)。这三幅系列组画都是板面油画。其中两幅画描绘的是圣赞诺比洗礼和献祭的场面以及他所创造的三个奇迹。第三幅画描绘的是被尊崇为佛罗伦萨第一主教的赞诺比，一个丧生车轮的儿童经其祷告奇迹般地复活的场面，以及他临终前为神父和老百姓做最后一次祝福的场景。这三幅画的共同特征是建筑物富丽堂皇、错落有致，人物激情豪迈，动作近于狂暴。这三幅画的确非常优美，但由于画家过分夸大主要人物的动作和情感，使得这三幅画的艺术效果略有逊色。

这三幅画最初用来装饰的建筑，很可能是圣母百花大教堂里的圣泽诺比乌斯礼拜堂。其中一幅画波提切利当时没有画完，被搁置了好几年。一直到1504年年初，波提切利的老朋友托马索的弟弟罡筏莱涅·皮耶罗·索德里尼（Gonfalionere Piero Soderini）替波提切利完成了这幅画的收尾工作。无可否认，这几幅画肯定是波提切利晚年的作品，因为从这些画中，我们可以看出他年事已高、体力正在衰退的痕迹。

贝伦森以及其他几位很有威望的评论家一致认为，波提切利在垂暮之年还创作了一幅很有趣的小型画作，名为《弃妇》（*Derelitta*）或《被驱逐者》（*Outcast*），此画现藏于罗马帕拉维奇尼宫（Pallavicini Palace）。在这幅小型画里，首先映入我们眼帘的是一座宏伟壮观的文艺复兴时期的宫殿，在宫殿的台阶上坐着一位衣衫褴褛的年轻女子。她身穿一件破旧的亚麻布长袍，双手捂着脸颊，正在悲伤地哭泣，乌黑的长发凌乱地披散在脸上，她携带的衣服散落在石阶上。这位女子看上去既孤单又可怜，让人感到她真的是走投无路、痛不欲生了。这位年轻女子穿着的破烂长袍，跟画作《阿佩莱斯的诽谤》里年迈的丑巫婆穿着的衣服极其相像。这幅画在绘画风格和感情刻画上具有强烈的现代气息，人们真的很难想象，这竟然是15世纪的一位画家创作的绘画作品。

我们刚刚谈到的那些作品，并不是波提切利晚年最具代表性的画作。在生命的最后几年里，波提切利专心地为但丁的《神曲》绘制插图。波提切利年轻时就非常喜欢但丁的《神曲》，美第奇皇家文化圈的人文主义者们也酷爱但丁的这部长诗。我们通过考察了解到，波提切利一生都在认真地研究但丁的《神曲》，而且还能够做到学以致用。有一次，圣巴拿巴（St.Barnaba）教堂请他绘制祭坛装饰画《宝座上的圣母与圣子，圣人亚历山大城的凯瑟琳、奥古斯丁、巴拿巴、施洗者约翰、主教依纳爵与大天使米迦勒》。波提切利完成这幅画作之后，特意把《神曲》里《天堂篇》中的一行文字"圣母玛利亚，天国之后"刻在祭坛宝座前的台阶上。德国出版商尼克劳斯·劳伦茨（Nicolaus Lorenz）曾聘请波提切利为其出版物配置插图，波提切利以但丁的《神曲》为创作题材，为其出版物设计了19张插图。这对于波提切利来说，无疑是件轻而易举的事。克里斯托福罗·兰迪诺（Cristoforo Landino）还特意为这个出版物加了评语。1481年，该出版物在佛罗伦萨正式出版发行。尼克劳斯在意大利也小有名气，意大利人都称呼他为尼科罗·德麦格纳（Nicolo della Magna）。这件事情过去之后不久，波提切利应老朋友洛伦佐·迪·皮埃尔·佛朗西斯科之托，在羊皮纸上为但丁的《神曲》绘制了一套精美的钢笔画插图。那位名不见经传的作家葛迪安诺曾经对波提切利的这套插图作了如下评价："波提切利创作的这套作品简直美妙绝伦。"

五十年前，在汉密尔顿宫（Hamilton Palace）珍藏的众多艺珍品中，瓦根（Waagen）博士一眼就发现了波提切利为但丁的《神曲》绘制的那套钢笔画插图。他欣喜若狂地告诉工作人员，这套插图绝对是波提切利的真迹。1882年，普鲁士政府在加拿大汉密尔顿拍卖会上买走了这套精致的画册。这套钢笔画插图现藏于德国柏林博物馆。除了柏林博物馆收藏的这85张素描画之外，斯特尔奇戈夫斯基（Strzygowsky）博士最近在梵蒂冈图书馆（Vatican Library）翻阅但丁的《神曲》时，在其中的一卷诗中发现了波提切利绘制的另外8张插图。其中一幅是彩图，画的是但丁《神曲》第一卷《地狱篇》（Inferno）中的地狱平面图。《神曲》里的这一卷诗曾经是瑞典女王克里斯蒂娜（Queen Christina）的珍藏品。显然，这几张插图以前应该属于汉密尔顿宫珍藏的那套插图的一部分，但是，在17世纪的时候，一定有人把它拿走了。还有8张《神曲·地狱篇》前几章的插图至今仍未找到。

全套画册最初有100张插图，外加一张扉页和一张地狱图。所有这些插图，波提切利先是用柔软的银尖笔画成，这样可以确保每一张画里都含有一定数量的铅，因为用一定数量的铅打底绘制成的画不易褪色。然后再用钢笔在原画的基础上粗略地描一下。其中仅有三张是不透明水彩画，有一张画由一半彩色、一半素描构成，这张画是《神曲·地狱篇》第十首中的一幅插图。在这张画里，波提切利用红色颜料画出诗人但丁的肖像，用蓝色颜料画出古罗马诗人维吉尔的肖像。

这张画现藏于梵蒂冈宗教图书馆。在这套钢笔画插图中，有很多张画已严重受损。其中有一半画里面的人物几乎已被完全磨损掉。即便如此，作为艺术作品，它们仍然具有极高的艺术价值。虽然这套画册已残缺不全，但是，它依然是人们最感兴趣的一本艺术珍品。这套画册当之无愧是文艺复兴时期最精美、最富有想象力的艺术作品。虽然有很多人一直试图为但丁的《神曲》绘制更加精彩的插图，但直到今天，还没有一个人能够超越桑德罗。桑德罗对但丁的这部巨著理解得极其透彻，他完全领会诗人字里行间所表达的意思，走进了诗人的心灵世界，所以他才能够通过画笔下的形象忠实地把诗人的思想传达给我们。桑德罗的这套钢笔画插图，是对但丁的这部叙事长诗最完美、最令人满意的艺术诠释。

  桑德罗的笔迹在这本画册的每一张画里清晰可见。我们一眼就能认出桑德罗独有的绘画风格，以及桑德罗笔下的那些人物脸上常常流露出来的伤感神情，还有他刻画人物健步如飞、帷幔随风飞舞的绘画技巧。画中的一草一木，用笔极其细腻。在茂密的森林里，香桃木树、棕榈树以及石榴树枝繁叶茂，青翠欲滴；每一片树叶，每一朵花，每一个小金橘都是那么的鲜嫩可人。这从侧面也反映出波提切利对大自然的无限热爱。在这片幽静的森林中，玛蒂尔达（Matilda）正在尤诺河岸边如茵的草地上采摘美丽的鲜花；但丁苦苦寻觅，终于找到了贝雅特里奇（Beatrice），他高兴至极。

起初，桑德罗在绘制这些插图时，刻意追求忠实于原文，并且采用中世纪雕刻的手法。但事实证明，这样做在某些地方不太适合。虽然《地狱篇》中有几张插图，画面拥挤而混乱，但是，其他的插图却华美壮观，别具匠心，不落俗套。现在让我们欣赏一下这部长诗第三十一首中的一张插图。在这幅插图里，六个巨人被锁链锁在万丈深渊的悬崖边。安泰弯下身，把但丁和维吉尔放入他脚下的万丈深渊里。在这幅画里，桑德罗所采用的令人赏心悦目的前缩法以及裸体人物的精美造型，不禁使我们想起波拉尤奥洛独特的绘画风格，也使我们回想起桑德罗早年曾师从于这位艺术大师的经历。但是，在《炼狱篇》的后几首以及整个《天堂篇》的插图里，我们可以看出桑德罗不再机械地照搬原文，而是充分发挥自己超人的想象力，创作出的插图更加精彩，更富有灵性。桑德罗的美女情人有着"美丽的微笑"，她端坐在教堂的马车上，翩翩起舞的少年天使、六位善德女神以及手拿《福音书》的长者，紧紧跟随在马车左右。贝雅特里奇和诗人但丁飞过随风飘荡的小树林。桑德罗倾心爱慕的情人在后面的这些插图中频繁出现。在其中一张插图里，她表情严肃，一只手高高举起，正在认认真真地给洗耳恭听的诗人但丁讲述"忠诚"（The Faith）所经历的几件趣闻。桑德罗创作的这部分插图充满了活泼、欢快的气氛。在这部分插图里，有桑德罗以往绘制的备受人们喜爱的肖像和图案，有在空中翩翩飞舞的玫瑰花，也有手拿点燃的烛台和橄榄树枝的天使。在《神曲》的第二十八首，我们来到了上层天界。在上层天界里，诗人但丁惊异地盯着六翼天使传达给他的九道命令，不知先看哪一个，这么多道命令的确让他感到眼花缭乱。正在但丁拿不定主意的时候，贝雅特里奇出现了。她长得很像《春》里的维纳斯，飘逸的秀发披散在身后，脸上堆满了灿烂的笑容。她永远都那么年轻，那么可爱。在这幅插图里，中间有一群神仙，在这群神仙的左侧有许多天使，在最底下那排天使中，我们看到一个生有双翼的小天使。这个小天使手里拿着一个牌子，牌子上写有波提切利的名字——桑德罗·迪·马利安奴。在插图边缘的空白处注有但丁《神曲》里的经典话语。牌子上所写的桑德罗·迪·马利安奴这几个字跟插图边缘注解里的文字大小一样。波提切利特意把自己的名字写在这里，我们从中可以看出，波提切利是多么渴望上帝最后能够选中他，让他死后的灵魂进入幸福的天堂。

　　1503 年，最初请桑德罗为但丁的《神曲》绘制插图的、一贯对艺术家充满爱心的慷慨的艺术赞助人洛伦佐·迪·皮埃尔·佛朗西斯科离开了人世。桑德罗可能在佛朗西斯科去世之前就已为他创作完成了这套插图。但是，在洛伦佐·迪·皮埃尔·佛朗西斯科去世之后，桑德罗很有可能又花了几年时间为但丁的《神曲》另加了很多插图。我们发现这套插图的最后几页是空着的，估计桑德罗本来打算在这几页纸上绘制《神曲·天堂篇》的最后几个插图。在空白页之前的那一张插图上，波提切利好像要画天堂里的玫瑰，但只寥寥勾勒了几笔，就急着去画飞往天堂的圣母子和天使加百利（Archangel Gabriel），这三个人物也只简单地勾勒出一个大概轮廓，这幅画就被搁置一旁了。显然，波提切利想要尽力完成这幅画，但他的身体已不允许他继续工作了。我们从这张插图可以猜测到，就在波提切利拼尽全力想要完成这幅画的时候，他的画笔竟悄然滑落，一代大师桑德罗与伟大的绘画艺术终于依依不舍地永别了。

1504年1月25日，波提切利与佛罗伦萨著名的画家及建筑学家们聚集在歌剧院德尔大教堂（Opera del Duomo）召开了一次重要会议，主要讨论米开朗琪罗雕刻的大卫巨像安置地点的问题。与会的著名人士有波提切利的老朋友列奥纳多·达·芬奇，建筑师朱利阿诺·迪·桑迦罗（Giuliano di San Gallo），曾经与波提切利在西斯廷教堂共同工作过的画家科西莫·罗塞利，波提切利的徒弟菲利皮诺·利皮，敬仰萨伏那洛拉的虔诚的"哭泣者"——建筑师克罗纳卡（Cronaca），画家皮耶罗·迪·科西莫（Piero di Cosimo），巴乔·达尼奥洛（Baccio d'Agnolo）以及乔瓦尼·德尔·科尼安（Giovanni delle Corniole）。乔瓦尼·德尔曾经在一块名贵的宝石上为萨伏那洛拉雕刻过一尊精美的肖像。在这次大会上，波提切利赞同科西莫·罗塞利的意见，同意把大卫的雕像安放在圣母百花大教堂的前面。他说："科西莫和我都认为，这尊巨大的雕像应该安放在非常醒目的地方，让来往的行人一眼就能看得见，也就是说固定在圣母百花大教堂的台阶上，紧挨着女英雄朱迪斯的雕像，我们认为这个地方才是最佳选择，也是最理想的位置。但千万不能安放在领主长廊里或教堂的拐角处。"朱利阿诺·迪·桑迦罗和达·芬奇对此持反对意见。他们坚持说，这尊雕像只能放在领主长廊里，否则长时间的风吹日晒会对大理石造成损害。为了缓和气氛，菲利皮诺和皮耶罗·迪·科西莫提议，雕塑的安置问题应该让米开朗琪罗本人来决定，因为他本人比我们更清楚这尊雕像应该放在哪里。大家一致赞同他们的意见。根据米开朗琪罗本人的意愿，这尊巨大的雕像被安放在市政厅前面的台阶上。

波提切利生命中最后几年的生活记载不详。我们只是从瓦萨里的书中得知，波提切利在花甲之年非常可怜，他身体虚弱无力，心情忧郁，伤感之情和无助之感时时涌上心头。他的腰弯了，背驼了，走路时必须靠拐杖支撑。1510年5月17日，死神终于让他彻底得到了解脱。波提切利被安葬在当地教区教堂的万圣节墓地，与祖先们葬在一起。

波提切利生前深孚众望，他的艺术才华有口皆碑。但他去世不久，便被人们遗忘了。人总是有新的理想、新的追求，新生事物对人总是有不可抗拒的吸引力。米开朗琪罗创作的人物雕像雄伟健壮，气魄宏大，充满了无穷的力量。16世纪初期，米开朗琪罗宏伟的艺术风格像潮水一样很快席卷了整个佛罗伦萨，人们争相效仿。很快，往事便藏在了人们的记忆里，波提切利这个名字不再有人提起。波提切利去世一个世纪后，美第奇家族在佛罗伦萨的新一代领导人费迪南德大公

（Ferdinand）正式宣布了一道法令，严禁任何人从佛罗伦萨的任何教堂里拿走艺术作品。在当时的艺术珍品清单里，15世纪只有两位艺术家的绘画作品入选，一位是菲利皮诺，另一位是佩鲁吉诺，而波提切利连名字都未被提及。在过去的四百年里，没人知道波提切利是谁，波提切利的鼎鼎大名已被历史的长河湮没。直到19世纪末期，当现代文明的曙光拂去人们思想中的尘埃时，波提切利这个响亮的名字，以及他那些画技高超的作品，旋即征服了当代所有画家。人们在欣赏和研究这位艺术大师精湛优美的艺术作品的同时，心底里的崇拜和敬仰油然而生，当然会不吝溢美之词，讴歌这位历史上极为罕见的艺术天才。

1488—1510年
The life of Sandro Botticelli

《圣马可祭坛画（局部）》，约 1488—1490 年，佛罗伦萨，乌菲齐美术馆

《圣马可祭坛画（局部）》，约 1488—1490 年，佛罗伦萨，乌菲齐美术馆

《圣马可祭坛画(局部)》,约1488—1490年,佛罗伦萨,乌菲齐美术馆

《圣马可祭坛画(局部)》,约1488—1490年,佛罗伦萨,乌菲齐美术馆

《圣马可祭坛画(局部)》,约 1488—1490 年,佛罗伦萨,乌菲齐美术馆

《童贞玛利亚的加冕,与圣人福音书作者约翰、奥古斯丁、杰罗姆以及埃利吉乌斯 | 圣马可祭坛画》,约 1488—1490 年,佛罗伦萨,乌菲齐美术馆

《圣母领报 | 切斯特罗天使报喜》，1489 年，佛罗伦萨，乌菲齐美术馆

《年轻男子肖像》,约 1489—1490 年,华盛顿,国家艺术馆

《圣母崇拜圣子》,约 1490 年,华盛顿,国家艺术馆

《圣母、圣子与三位天使 | 顶篷下的圣母》，约 1493 年，米兰，安布罗画廊

《圣母领报》，约 1490—1493 年，纽约，大都会艺术博物馆

《但丁·阿利基耶里肖像》,约 1490—1495 年,日内瓦,加斯帕·博德默收藏

《小书房中的圣奥古斯丁》，约1490—1495年，佛罗伦萨，乌菲齐美术馆

《圣杰罗姆最后的圣餐仪式》,约1490—1495年,纽约,大都会艺术博物馆

《圣父、圣子与圣灵以及抹大拉的玛利亚、施洗者圣约翰、多俾亚与天使》,约 1490—1495 年,伦敦,考陶德艺术学院

《阿佩莱斯的诽谤(局部)》,约 1494 年,佛罗伦萨,乌菲齐美术馆

《阿佩莱斯的诽谤》,约 1494 年,佛罗伦萨,乌菲齐美术馆

《阿佩莱斯的诽谤(局部)》,约1494年,佛罗伦萨,乌菲齐美术馆

《朱迪斯持赫罗弗尼斯首级》,约 1494—1496 年,阿姆斯特丹,国家博物馆

《哀悼基督以及圣杰罗姆、圣保罗与圣彼得》,1495 年,慕尼黑,老绘画陈列馆

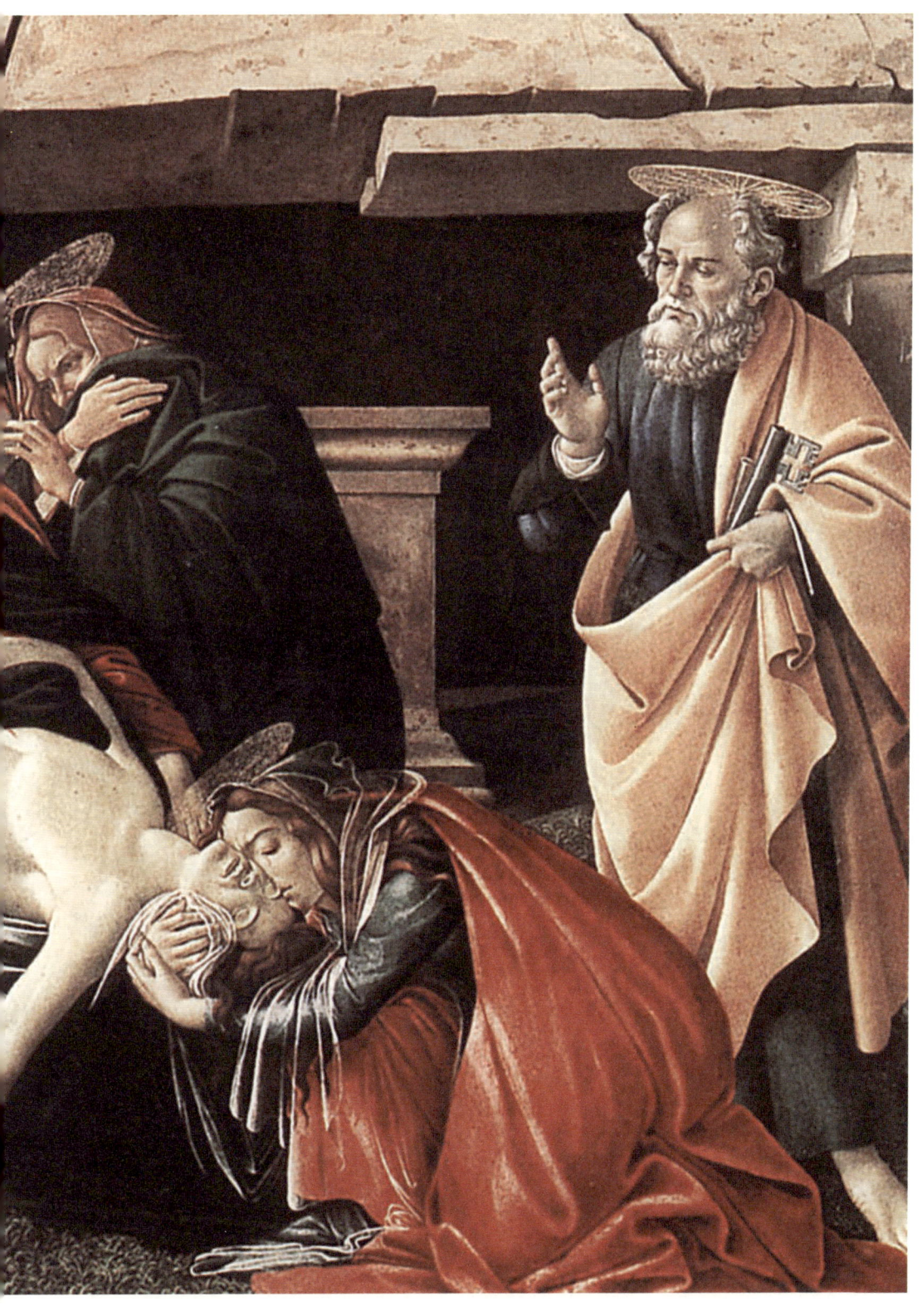

《哀悼基督》,约1495年,米兰,波尔迪·佩佐利美术馆

《童贞玛利亚、圣子与小圣约翰 | 玫瑰园圣母》,约 1495 年,佛罗伦萨,皮蒂宫

《圣赞诺比的故事：洗礼》，约1495—1500年，伦敦，国家美术馆

《圣赞诺比的故事：圣人的三个奇迹》，约1495—1500年，伦敦，国家美术馆

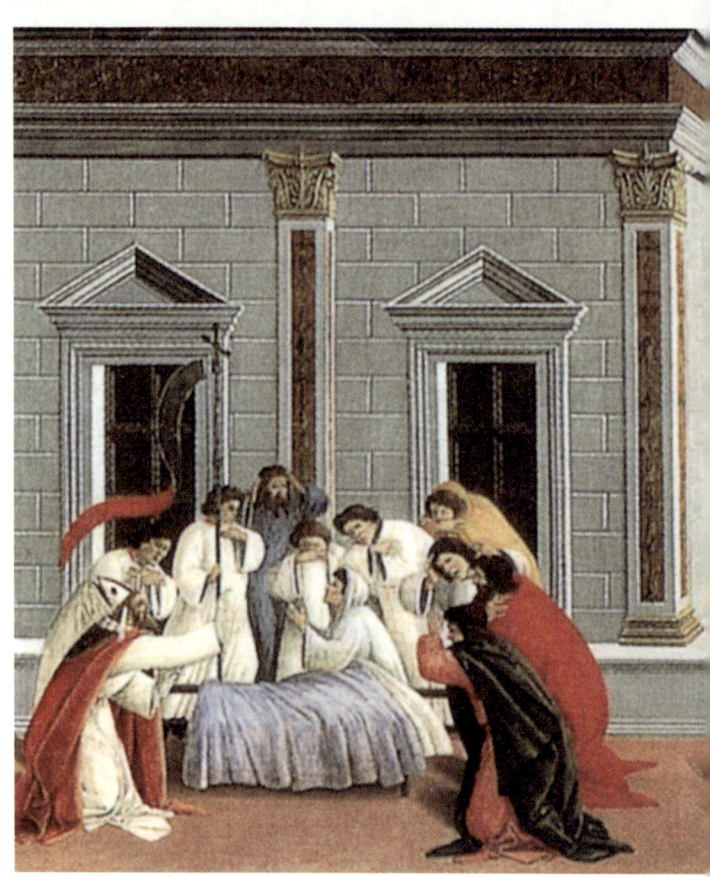

《圣赞诺比的故事：圣赞诺比使亡者重生的三个奇迹》，约1495—1500年，纽约，大都会艺术博物馆

《圣赞诺比的故事：最后的奇迹（在助祭埃乌杰尼奥与克雷森齐奥的帮助下，小童得以重生）、圣人之死》，约1495—1500年，德累斯顿，国家艺术收藏馆

《迈克尔·马鲁路士（别称塔卡纽达）肖像》，约 1496—1497 年，巴塞罗那，康柏·德·加尔丹斯收藏

《吉洛拉莫·萨沃纳罗拉纪念章》，晚于 1497 年，佛罗伦萨，巴杰罗美术馆

《洛伦佐·德·洛伦兹（别称洛伦赞诺）肖像》，约 1498 年，费城，费城艺术博物馆

《菜圃中的祷告》，约 1498—1500 年，格拉纳达，皇家礼拜堂

《耶稣受难以及忏悔的抹大拉的玛利亚与一位天使》,约 1498—1500 年,剑桥,福格艺术博物馆

《耶稣变容》，约 1500 年，罗马，帕拉维奇尼画廊

《弗吉尼娅的故事》,约 1500—1504 年,贝加莫,卡拉拉学院

《卢克蕾齐亚的故事(局部)》,约 1500—1504 年,波士顿,伊莎贝拉·嘉纳艺术博物馆

《神秘的耶稣诞生》，1501年，伦敦，国家美术馆